AF497915

DE L'INFLUENCE

DE LA LITURGIE CATHOLIQUE

SUR

L'ARCHITECTURE ET LES ARTS QUI EN DÉPENDENT,

PRINCIPALEMENT DANS LE DIOCÈSE DE LYON (1).

Novitas, mater temeritatis, soror superstitionis, filia levitatis.

Saint Bernard, Ep. 174 aux chanoines de Lyon.

Les Églises des Gaules avaient leurs usages particuliers, et saint Grégoire le Grand écrivant à saint Augustin, apôtre d'Angleterre, lui dit : Qu'il n'y a rien à reprendre à la variété de ces usages. Il estimait que cette variété était recommandable dans le culte de Dieu, et que cela marquait son antiquité.

Grimond, liturgie sacrée.

I.

DU PLAN DES ÉGLISES.

En matière religieuse il est toujours périlleux de s'écarter de l'antiquité et de vouloir modifier les usages consacrés par le temps. Pour le plan des églises et, jusqu'à un certain point, pour leur ornementation et leur mobilier, on consultera avec fruit les édifices qui datent des premiers siècles, et l'on ne regardera pas comme un type absolu de l'architecture chrétienne les produits du moyen âge dans lesquels l'art séculier est intervenu plus qu'on ne le pense généralement, au détriment des traditions ecclésiastiques.

(1) Cette esquisse rapide sur un sujet qui demanderait un travail considérable n'est, pour ainsi dire, qu'un programme fourni aux personnes qui font autorité dans ces matières. C'est une suite des aperçus que nous avons publiés, en 1856, dans la *Revue du Lyonnais*, et qui ont paru, en 1858 et en 1860, dans la *Maîtrise*.

Les premières églises furent les basiliques ou édifices destinés à rendre la justice. Leur architecture s'adapta à merveille aux exigences et à la gravité du culte catholique. De légères modifications les complétèrent et en firent un modèle auquel il y avait peu de chose à ajouter. Aussi les églises les plus célèbres, les plus jalouses de leur origine et les plus rebelles aux innovations, eurent-elles soin de faire respecter le plan basilical, tout en permettant d'introduire des ornements nouveaux et d'employer des modes de construction conformes aux nécessités du moment et aux conditions matérielles des régions où l'on bâtissait. Les cathédrales de Lyon, de Vienne (en Dauphiné), de Strasbourg admirent dans de certaines mesures l'arc ogival et rejetèrent le deambulatorium, superfétation qui bouleverse toutes les idées reçues dans le symbolisme du plan, dans la liturgie, dans l'ordre des cérémonies comme dans l'ordre des places assignées au clergé et aux fidèles.

Pour cette raison, Saint-Jean de Lyon doit être considéré comme une des plus importantes cathédrales de France, peut-être comme la première relativement à son architecture, comme elle est la première par son rang hiérarchique. Son plan est plus religieux, plus conforme au plan basilical qu'aucun autre, car il a conservé l'abside surbaissé terminant l'édifice, et a arrêté les nefs à l'endroit où commence le sanctuaire. On y remarque en outre plusieurs détails caractéristiques négligés par les architectes, fort habiles, mais moins soucieux de la tradition, des cathédrales de Bourges, d'Amiens et de Paris. Sa valeur spéciale semble avoir échappé à plusieurs archéologues; ils n'ont vu qu'une église plus petite et moins chargée d'ornements que celles du nord; ils ne se sont pas donné la peine de l'étudier et n'ont pas discerné les principes liturgiques qui avaient guidé les constructeurs. Attribuer cette petitesse de dimensions, cette sobriété d'ornements, ce plan en opposition avec les plans généralement adoptés, à une infériorité de goût ou de connaissances, ce serait méconnaître l'histoire. Lyon, au moyen âge, était comme aujourd'hui une ville puissante, riche, initiée à tous les secrets de l'art. Sa prééminence ecclésiastique dominait, encore plus que de nos jours, la France chrétienne ; l'examen sérieux de sa cathédrale y fait apercevoir une science de construction égale à celle des meilleurs architectes du XIIIᵉ siècle ; si donc on l'a faite comme elle est, c'est qu'on l'a voulu ainsi (1) ; c'est que ce plan était selon les règles, c'est que les influences séculières et les caprices de la mode venaient se briser devant la fermeté de ce Chapitre sans rival qui se faisait gloire de ne point admettre de nouveautés.

En décrivant le plan d'une basilique, nous décrirons donc le plan de Saint-Jean, d'Ainay et de presque toutes les églises de notre diocèse, c'est-à-dire le plan véritablement religieux ; la seule modification admise dans quelques-unes de ces églises fut la suppression du porche et l'allongement des transepts. Quant à l'emploi de l'arc ogival, il est de moindre importance, n'ayant pas modifié comme partout ailleurs les conditions de l'ensemble.

La basilique était un rectangle carré ou oblong, divisé en trois parties par deux rangs de colonnes, la nef du milieu était plus large (2) ; à son extrémité se trouvait une partie cir-

----

(1) Il faut consulter, sur l'église Primatiale, les remarquables articles signés du pseudonyme de Vays, et insérés dans les tomes XIX et XX de la *Revue*, en 1857. L'auteur pense, non sans raison, que les différences de style et d'élévation que l'on remarque entre l'abside et la nef, ne sont pas dues à l'influence du goût, à des époques différentes, mais à des intentions bien arrêtées et appuyées sur des motifs sérieux. Il fait remarquer que l'abaissement de l'abside est une imitation et, disons mieux, un hommage rendu au souvenir des basiliques latines.

(2) La nef du milieu est toujours plus élevée que les nefs latérales. Je ne pense pas qu'il y ait beaucoup d'exceptions à cette règle fondée sur le

culaire de la même largeur ; sur le devant était un porche. La partie circulaire ou *abside* était séparée des nefs par un espace vide appelé transsept, dont l'allongement sur les flancs de la basilique détermina la forme de la croix. Le porche ou *pronaos*, maintenu dans quelques églises, fut supprimé plus tard dans d'autres et remplacé par un parvis sur toute la longueur de la façade. Ainay a un porche, Saint-Jean un parvis. Les nefs gardèrent leur destination primitive et servirent, comme dans les basiliques, à la réunion des fidèles. Les catéchumènes se tenaient sous le porche, et le chœur, formé par l'abside prolongé jusqu'aux nefs, fut réservé au clergé. Au fond de l'abside était un trône pour l'évêque et un banc circulaire pour les prêtres (synthronos). Cette disposition symbolique a été conservée à Saint-Jean pour les fêtes solennelles. Au centre était l'autel, isolé de manière à ce que l'on pût en faire aisément le tour.

Cette partie du chœur prit le nom de *presbytère*. Le chœur proprement dit ou place des chantres se trouvait entre l'autel et la grande nef. Tout ceci a été bouleversé par les influences laïques, mais tel est encore le chœur d'Ainay et tel était celui de Saint-Jean avant qu'on eût avancé l'autel jusqu'aux transsepts.

Le doublement des nefs latérales employé dans les grandes cathédrales du nord n'est qu'un luxe inutile ; il n'a aucun sens religieux et ne correspond à aucune nécessité liturgique. L'abside doit être moins élevé que la nef. Outre les raisons tirées du symbolisme architectural, cette différence d'éléva-

---

bon sens. L'augmentation de hauteur indique forcément une augmentation de largeur, et vice versâ, sans quoi on aurait un manque choquant de proportions. En admettant la même hauteur pour les trois nefs et en maintenant une plus grande largeur à celle du milieu, il en résulte que celle-ci parait écrasée et que les deux autres ont l'aspect d'un étroit corridor.

tion est motivée par plusieurs avantages. Au dehors elle sert
à distinguer la place du sanctuaire ; au dedans elle con-
centre, par un effet de perspective, l'attention des fidèles sur
le lieu où s'accomplissent les mystères et où siége le pontife.
Ne soyons donc pas étonnés si le *deambulatorium* ou prolongation des nefs autour de l'abside, c'est-à-dire la destruction
de l'abside, a toujours été repoussé dans le diocèse de Lyon.
Quelques églises récemment construites ne peuvent ici nous
contredire. Elles sont en trop petit nombre, et l'on sait que
dans ces derniers temps, malgré de grandes prétentions à la
recherche du passé, on est guidé bien moins par le respect de
ce passé que par l'influence de la mode. Or, ce fait de
l'absence de deambulatorium n'est pas une exception, mais
une règle générale, oubliée comme tant d'autres en beaucoup
d'endroits et conservée chez nous. Le chœur doit terminer
l'église comme il terminait les basiliques. Les transsepts
indiquent la limite des parties accessibles aux simples fidèles.

Pour se convaincre que l'absence du *deambulatorium* n'est
pas un fait sans valeur, il suffit de jeter les yeux sur d'autres
diocèses. A Paris, pour ne citer que des exemples bien
connus, depuis Saint-Germain des Prés jusqu'à Saint-Sulpice,
c'est-à-dire du XIᵉ au XVIIIᵉ siècle, les églises sont construites d'après le plan anti-basilical. Ailleurs on trouve le
mélange des deux systèmes sans que rien puisse faire pres-
sentir qu'une idée liturgique ait présidé aux caprices des
architectes ou posé une digue à leurs recherches de nouveautés. Si donc nous trouvons à Lyon une opposition
persévérante aux formules qui dominèrent ailleurs dans les
constructions religieuses, elle ne peut venir que d'une règle,
non écrite, mais traditionnelle ; règle qui se lie intimement à
la constitution même de l'Église primatiale, à ses rites, à son
attachement à l'antiquité, à ses usages exceptionnels, témoi-
gnages de sa suprématie. Vouloir l'attribuer à une infériorité

de goût et de savoir, encore une fois il ne faut pas y songer dans la patrie de Philibert Delorme, de Désargues et de Maupin, dans la ville qui devint en quelque sorte la patrie adoptive de Soufflot.

Au point de vue purement monumental, et surtout à l'extérieur, il est possible que le plan basilical laisse quelque chose à désirer. La question n'est pas là ; une église ne doit pas être un prétexte pour faire de l'art. A l'intérieur aucun doute n'est permis. La prolongation des nefs a diminué la majesté du sanctuaire en divisant la place qu'il doit occuper, en créant de continuelles distractions autour de lui, en ne le maintenant pas à l'extrémité de l'édifice comme le point unique vers lequel doivent se porter toutes les pensées et tous les regards, et dont les limites ne doivent être franchies que par les personnes revêtues du caractère sacerdotal (1).

Il en est de même pour les toitures aiguës que l'on a quelquefois demandées comme un prétendu correctif aux toits surbaissés et aux terrasses de Saint-Jean. Toute personne habituée à juger un monument non seulement d'après les

(1) Le deuxième concile de Tours, en 567, défendit aux laïques de se tenir près de l'autel, de même que le deuxième concile de Mâcon, en 585. Les femmes surtout ne devaient pas en approcher, même pour l'offrande du pain bénit. Un concile d'Aix fulminait une excommunication contre elles dans cette circonstance. Le nom de *deambulatorium* est la condamnation de ce qu'il représente. *Deambulatorium* est un endroit où l'on se promène, or une église n'est pas un promenoir, une salle de récréation, c'est un lieu de recueillement et de silence. La prolongation des nefs autour du chœur est commode pour les flâneurs et les curieux, et favorise la propension à changer de place et à ne savoir se caser nulle part. C'est ce qui arrive dans les églises de Paris. Les jours de fête, le chœur et la nef sont entourés du courant circulaire et perpétuel d'une foule peu recueillie. Dans plusieurs pays que nous connaissons, les jeunes gens montent d'un côté de l'église pour avoir le plaisir, en redescendant de l'autre côté, de lorgner à leur aise les dames agenouillées.

lignes tracées sur le papier, mais dans la réalité de son exécution et en tenant compte de l'entourage qui modifie et détruit souvent la valeur des lignes, comprendra que les combles élevés et les formes aiguës sont un contre-sens dans notre pays, où les maisons sont hautes, et les horizons, fermés par des collines qui étreignent les monuments et ne permettent pas aux profils des toitures de se dessiner librement sur le ciel. L'effet de ce genre de faîtage n'est propre qu'aux pays plats et sans couleur, et dans les villes où les maisons sont de proportions exiguës comme les villes du nord. La même discordance existe aussi entre les teintes sourdes et monotones de l'ardoise et les nuances chaudes et variées du paysage lyonnais. Les flèches, fort belles en Champagne et dans la plaine de l'Alsace, sont donc sans valeur à Lyon et nous font regretter nos clochers carrés, médiocrement élevés par la bonne raison que toute l'élévation possible ne leur ferait pas dominer leurs alentours, et nos dômes réminiscence italienne se mariant si bien avec les douces ondulations de nos montagnes.

Condamner le plan et les lignes des grandes cathédrales paraîtra une témérité impardonnable ou une envie puérile de se singulariser en émettant une opinion contraire à celle du plus grand nombre. Les archéologues ont signalé ces églises comme présentant un type parfait. La littérature s'est emparée de cette opinion, et peut-être la littérature bien plus que la science l'avait fait naître ; on a fait des phrases sentimentales sur l'art ogival, et malgré cela l'étude du moyen âge est encore incomplète, surtout pour le Lyonnais, dont l'architecture n'est pas plus connue que les rites, que les coutumes de la vie ordinaire, et que les origines si curieuses du langage. Néanmoins, un des plus doctes écrivains sur cette matière, M. Daniel Ramée, (1) ne s'est pas fourvoyé avec les

____
(1) *Manuel de l'histoire générale de l'architecture.*

romantiques, et il signale l'architecture ogivale comme un produit de l'esprit laïque, en opposition avec l'esprit religieux. Je ne sais même s'il n'exagère pas outre mesure cette victoire des artistes séculiers sur les artistes cléricaux. Selon lui, l'ogive fut inventée par les Anglais en opposition à l'Église, et fut comme une protestation des *libres penseurs* de l'époque contre le plein cintre romain. Ces architectes, fondateurs des sociétés maçonniques, exprimèrent ainsi leurs tendances à se soustraire à l'autorité par un signe symbolique (une marque ouverte de révolte n'eût pas été possible) ; ce signe fut le triangle, qui est encore l'emblème maçonnique et d'où dérive l'arc ogival.

Je ne prétends pas soutenir la vérité de cette théorie, et je n'ai pas des connaissances suffisantes pour en faire la critique ; mais l'assertion est grave, spécieuse et donne à réfléchir ; elle expliquerait fort bien comment le diocèse de Lyon, plus fidèle que les autres aux traditions, repoussa, sinon l'ogive, du moins les modifications essentielles qui semblent résulter de son emploi.

En effet, dit M. Ramée : « L'introduction de la voûte d'arête avait déjà fait entrer, dans certains monuments à plein cintre de la fin du XII⁰ siècle, les nervures aux voûtes, dont le résultat fut la substitution à la forme sphérique de la couverture du chœur, d'une autre forme à plusieurs pans, d'une forme polygonale enfin. Au XIII⁰ siècle, cette forme devint générale dans les monuments, et de telle sorte même que le chœur *n'était plus une chose à part ayant une apparence particulière et indépendante du reste de l'édifice.* »

Nous n'insisterons pas sur l'orientation des églises. C'est une règle fort connue et tirée des Constitutions apostoliques, livre 1, ch. 57. « Sic ædes oblunga, ad orientem versus, navi similis (1). » L'orientation fut ordonnée également par le

______

(1) Les Constitutions apostoliques sont un recueil de règlements attri-

pape Vigile. « L'église, dit M. Fleury, doit être tournée de
sorte que le prêtre, étant à l'autel, regarde l'orient. » Ces
autorités sont tellement respectables, et il est si convenable
de se tourner pour le saint sacrifice du côté des régions où
fut le berceau du christianisme, que l'on ne conçoit pas
l'insouciance ou la légèreté qui font aujourd'hui négliger ce
précepte sans de graves motifs. Toutes les anciennes églises
sont orientées, en France, surtout depuis Charlemagne. Les
ordres religieux, les premiers, s'écartèrent de cet usage.
Souvent leurs églises faisaient partie d'un ensemble de
constructions qui ne permettaient pas de les tourner régu-
lièrement. Peut-être eurent-ils en cela une intention de
montrer qu'ils étaient en dehors des lois communes. Aujour-
d'hui on fait comme les couvents pour des motifs tout
mondains, de même que l'on construit des églises sur toutes
espèces de plans de fantaisie et avec toute sorte de matériaux,
sans s'inquiéter des anciennes prescriptions.

II.

DES AUTELS.

Dans les premiers siècles de l'Eglise, les autels étaient
d'une grande simplicité. Le diocèse de Lyon a eu la sagesse
de s'en écarter bien moins que les autres ; aujourd'hui même
malgré de fâcheuses tendances à exagérer la dimension des
autels et à les surcharger de sculptures et de flambeaux, leurs
dispositions principales n'est pas radicalement modifiée (1).

bués aux Apôtres, qu'on suppose avoir été rédigé par saint Clément. Bien
que cette haute antiquité et cette origine aient été contestées, on ne
s'accorde pas moins généralement à les faire remonter au IV⁰ ou au
V⁰ siècle.

(1) Voyez Thiers, *Dissertation ecclésiastique sur les autels*. Paris, 1688.
« Pour peu, dit cet auteur, qu'on aime l'antiquité sacrée et qu'on s'inté-

Les tables des anciens autels étaient indifféremment d'or, d'argent, de pierre ou de bois. On se servait quelquefois d'autels portatifs pour les cas de nécessité absolue, lorsqu'on voyageait ou que l'on avait à célébrer la messe dans des lieux non consacrés, mais jamais dans les grandes églises. Les autels étaient vides en dessous et posés sur des colonnes ; tel était le grand autel de Chartres, et de là est venu l'usage de les recouvrir de parements d'étoffes, changeant de couleurs selon les époques de l'année liturgique.

Il est fâcheux que cet usage des parements tombe partout en désuétude soit par insouciance des traditions, soit par un désir, peu digne de la gravité ecclésiastique, de faire étalage toute l'année des sculptures de l'autel. A la Primatiale et dans quelques paroisses plus fidèles que les autres aux règlements, on a conservé les parements pour les grandes solemnités, pour l'Avent et de la Septuagésime à Pâques, par ce moyen on évite l'apparence du relâchement et l'inconvénient de ne mettre aucune différence dans les signes extérieurs aux époques où l'Eglise se réjouit et à celles où elle s'attriste.

Aucun objet étranger ne devant se trouver en présence de la Sainte Eucharistie, il était défendu de mettre des images de saints et des fleurs sur l'autel ; les fleurs. parure très-

resse dans ce qui regarde la vraie beauté de la maison de Dieu, on aura peine à approuver la manière dont on s'est avisé dans ces derniers temps de placer, de bâtir, d'accompagner et d'orner les principaux autels des églises, c'est-à-dire ceux où l'on fait ordinairement les offices publics et solennels.......................... On a plus de soin que les autels d'aujourd'hui soient conformes aux règles de l'architecture qu'à celles de l'Église, et ce qu'on envisageait particulièrement dans les anciens autels était qu'ils fussent selon les règles de l'Église plutôt que selon celles de l'architecture. .... On pare ceux d'aujourd'hui d'ajustements qui auraient, en quelque façon. déshonoré les anciens. Ceux d'aujourd'hui n'ont rien de la simplicité vraiment chrétienne qui faisait une des grandes beautés des anciens. »

licite, très-poétique et très-convenable, étaient admises autour et au-dessus (1).

C'est une anomalie, comme l'a justement fait observer M. Joseph Bard, que d'entourer les cartons d'autel d'un cadre et de les surcharger d'ornements gravés ou lithographiés. Ils doivent être simples, et celui du milieu doit pouvoir se replier en trois parties, en souvenir des tryptiques ; si on veut les enrichir de peintures, ce doivent être de vraies peintures, des miniatures sur vélin, et non de vulgaires enluminures.

L'autel doit être élevé, au plus, de deux degrés, et isolé de manière à ce que l'on puisse en faire le tour. Derrière lui, dans les cathédrales, doit être le siége destiné à l'évêque pendant la célébration des saints mystères.

Ce ne fut qu'au Xe siècle qu'on commença à mettre la croix sur l'autel ; avant, elle était sur le *ciborium*, mais sans l'image de Jésus-Christ. Au XVe siècle, quelques églises augmentèrent l'autel de gradins et de retables, appendices malencontreux, car ils empêchèrent de voir l'évêque et furent cause que son siége fut transporté sur le côté, sauf à Lyon, à Vienne et à Belley, où cette grave atteinte aux rites ne fut pas consommée (2). Ainsi échafaudés, les autels furent bientôt surchargés d'ornements parasites et de mauvais goût, et entraînèrent la suppression de plusieurs cérémonies qu'une manie de décoration théâtrale avait rendues impossibles.

L'usage des tabernacles est fort récent. Le premier qui fut fait à Paris, au XVIIe siècle, fut celui des Capucins de la rue Saint-Honoré. On y suppléait par des *colombes*, suspendues

(1) « Quelque vénération que l'Église des huit premiers siècles eût pour les reliques des Saints, elle n'estimait pas qu'elles dussent être placées sur les autels. » Thiers, page 39.

(2) Elle a été consommée à Belley, et l'évêque a cédé sa place à...... un buffet d'orgues !!! Ce fait a été révélé par un article de M. Jujat sur l'inauguration de ces orgues.

au-dessus de l'autel ou par des *tours* placées à côté. A Lyon on dépose les saintes hosties dans une chapelle particulière. Après la communion générale du clergé aux fêtes de Noël, de Pâques et de la Pentecôte, le Saint-Ciboire était porté processionnellement dans l'église de Sainte-Croix, de même qu'au salut et à la bénédiction du Saint-Sacrement. L'église de Sainte-Croix n'existant plus a été remplacée par la chapelle *sub titulo Crucis*, qui est à droite du chœur (1).

Au reste, les expositions du Saint-Sacrement étaient plus rares autrefois et n'avaient lieu à Saint-Jean que pour la Fête-Dieu, la fête patronale et le grand jubilé de la rencontre de la Fête-Dieu avec celle de saint Jean-Baptiste ; l'exposition alors durait trois jours, et dans toutes ces circonstances le Saint-Sacrement n'était pas exposé sur l'autel, mais sur le jubé. Monseigneur de Saint-Georges fut le premier qui l'exposa sur l'autel. On considéra cela comme une innovation ; en réalité cela n'en était pas une, car le jubé n'avait pas, comme la liturgie, une haute antiquité, ainsi que nous le verrons.

Le chœur et l'autel de Saint-Jean doivent être considérés

(1) L'église de Saint-Étienne, dans les premiers temps, était le lieu du sacrifice et de la prédication. Saint-Jean était le baptistère, et Sainte-Croix le sanctuaire où l'on déposait le Saint-Sacrement et les reliques. A partir du XIVe siècle, on fit à Sainte-Croix la cérémonie de l'eau bénite, et on y célébra les fêtes de l'invention et de l'exaltation de la Croix. Au XVIe siècle, on y célébra les messes paroissiales du dimanche, et l'on y fit les prônes. Les grands-messes de morts se célébraient au maître-autel, mais l'absoute se faisait à Sainte-Croix. En certaines circonstances cet office avait lieu simultanément dans les trois églises.

Ces trois églises n'en faisaient qu'une, construite sur le même sol, sous le même toit et se communiquant par des portes percées dans le gros mur de séparation. Le sol appartenait au Chapitre, qui était son propre curé, l'exercice de la cure étant attaché à la dignité de doyen. L'église de Sainte-Croix, affectée au service paroissial, avait seule un tabernacle et une chaire.

comme offrant un type bien supérieur aux chœurs si vantés de Cologne et de Beauvais, étranglés par le deambulatorium, ayant un immense mérite artistique, mais n'étant pas le moins du monde le chœur selon les idées ecclésiastiques. Nous nous servirons, pour en parler, de la curieuse brochure de l'abbé Caille sur la situation de l'autel de Saint-Jean (1), et des trop rares écrits de l'abbé Jacques. Nos lecteurs comprendront, sans qu'il soit nécessaire d'y revenir, qu'il ne s'agit pas du chœur et de l'autel dans leur état actuel, mais dans leur état normal dérangé depuis la Révolution. L'évêque intrus Lamourette renversa l'ancien autel, et, en 1801, on en replaça un autre qui y est encore et qui venait de la chapelle du séminaire de Saint-Charles (2). Cet autel n'est pas à sa

(1) Lyon, Rusand, 1824.

(2) S. E. le cardinal de Bonald a résolu, nous a-t-on affirmé, le remplacement de cet autel par un autel nouveau dont le plan, déjà tracé et adopté, serait dû à notre habile architecte diocésain, M. Desjardins. D'après cela, nous ne doutons pas qu'il ne s'agisse d'une restauration conforme aux règles et à l'histoire. L'autel à venir sera donc, à moins que des influences contraires ne viennent à prévaloir, « une simple table rase, sans tabernacle ni gradins, ni autres ornements que ses parements d'étoffes, et d'une médiocre dimension, » on ne mettra dessus que la croix et six chandeliers conformes aux anciens modèles, et l'on s'abstiendra sagement des girandoles, des reliquaires, des fleurs et des niches prétentieuses ; en un mot, on n'imitera pas ce qui se pratique aujourd'hui, et surtout les grandes dimensions indiquées par les appendices de planches peintes en faux marbre, dont on a affublé cet hiver les marbres fort beaux de l'autel de Saint-Charles. Il faut espérer aussi qu'on le remettra à sa véritable place, c'est-à-dire plus en arrière des transepts à la naissance de la courbure de l'abside.

Si l'on détruit, en effet, ce doit être pour faire mieux, et le mieux ne se trouve que dans un retour à l'antiquité et aux usages, et non dans une fantaisie nouvelle et d'origine étrangère. Rétablir l'autel de Saint-Jean dans sa forme primitive et à sa vraie place, ce serait renouer d'une manière louable la chaine des temps, un moment interrompue par les révolutions,

véritable place et n'a pas la forme qu'il devrait avoir. Néanmoins mieux vaudrait encore le conserver tel quel, car on y est habitué et il ne manque pas d'une certaine noblesse de style, que de lui substituer un autel sculpté, ciselé, orné contrairement aux règles de l'Église. Le vent souffle de ce côté, on oublie généralement que la majesté de l'autel est assez grande par le mystère qui s'y accomplit, et peut se passer de frivolités extérieures, quelque *artistiques* qu'elles puissent être.

Le chœur avait été encombré de boiseries venant de Cluny, et de tableaux dont le plus grave défaut était de ne pas être à leur place. S. E. le cardinal de Bonald, si zélé pour le lustre de son église, dont le goût s'est déjà manifesté par la restauration de quelques verrières, souhaite avec ardeur sans doute de pouvoir réaliser les intentions du cardinal Fesch en rétablissant les choses dans leur état primitif. Il est fâcheux que la boiserie de l'orgue et la chaire archiépiscopale (qui n'est pas la vraie, puisque l'archevêque, quand il officie, se place au fond de l'abside), meubles récents et d'un beau travail, soient des obstacles à cette restauration, et des hors-d'œuvre qui ne peuvent que jeter le trouble dans l'histoire du passé. Il faut en dire autant d'un autre siége en bois que l'on voit du côté de l'évangile, dont l'usage paraît incompréhensible à Saint-Jean (1), et de l'autel portatif de la sainte Vierge, édicule fort élégant orné d'excellentes peintures de **M. Janmot**, mais qui aurait singulièrement étonné l'ancien Chapitre.

comme le parti le moins dispendieux. En adoptant une nouveauté, on aurait l'air de consacrer définitivement les bouleversements de la Primatiale et de renoncer à la célébrité de ses souvenirs. On n'allèguera pas à ce propos l'absence des documents, car ils surabondent.

(1) A moins que l'on ne rétablisse l'évêque suffragant chargé d'aider le titulaire dans son administration, comme avant la Révolution ; c'était, en effet, sa place ordinaire.

On peut fort bien se rendre compte de l'ancien chœur par la lecture de l'ouvrage auquel nous empruntons ces détails, et par la belle gravure que l'on voit en tête des anciens missels.

L'autel était une table rase et sans autres ornements que ses parements d'étoffes (1). Ce ne fut qu'en 1746 que l'on prit l'habitude d'y laisser les chandeliers et la croix, qu'auparavant on mettait pour la messe et que l'on ôtait ensuite. Anciennement il n'y avait même pas de chandeliers aux grandes solennités. On éclairait l'abside par trente-trois flambeaux posés sur des demi-candélabres. Depuis quelques années on a substitué aux anciens modes d'éclairage un appareil prétentieux, un échafaudage théâtral d'arbres chargés de bougies, étalés de manière à gêner la circulation, et présentant l'aspect d'une décoration de feu d'artifice. Il est possible que cette illumination attire des curieux, mais à coup sûr elle est fort opposée à l'ancien esprit liturgique de la Primatiale, si grave, si opposé aux petits procédés mis en usage pour produire de l'effet.

L'autel n'avait qu'une marche (2) ; il était entouré d'une balustrade de cuivre, à la distance de deux pieds et demi. Cette balustrade servait de table de communion au clergé et restait fermée hors le temps de la messe. On l'ouvrait néanmoins avec cérémonie au Benedictus et au Magnificat pour encenser l'autel. Ainsi, cette partie qu'on appelait le *sanctuaire* était isolée du *presbytère*, qui lui-même était séparé du chœur par deux marches (3).

(1) Les parements étaient rouges pour les martyrs, blancs pour les vierges, jaunes ou or pour les pontifes, verts pour les solitaires. La nappe, comme dans le rit romain, pendait à terre des deux côtés.

(2) Selon Thiers, page 79, l'autel de Lyon et celui de Vienne étaient élevés de deux marches.

(3) *Presbytère :* Lieu où est le siège du prélat et le banc des prêtres et

La balustrade, détruite ainsi que le jubé par les huguenots, en 1562, fut rétablie en 1585, et l'on plaça sur le nouveau jubé l'inscription suivante :

QUOD : BELL . CIVIL . LICENTIA
FOEDE DISJECTVM FVERAT
D . O . M . PROPITIO . CAN . ET COM.
LVGD . REST . A . M.D.L.XXXV.

Le jubé en marbre de diverses couleurs avait 32 pieds de long, 8 de large et 12 de haut. Sa façade formait sept portiques, celui du milieu était la porte du chœur, ceux des extrémités étaient fermés par une balustrade de cuivre jaune et contenaient les statues de saint Jean et de saint Étienne, aux quatre autres il y avait de petits autels de marbre blanc. On y montait par deux escaliers pratiqués dans son épaisseur. Au milieu de sa plate-forme était l'autel de *saint Hilaire*, où l'on célébrait chaque jour après matines la messe de la Croix, chantée par deux enfants de chœur. Il y avait là deux pupitres, un à l'orient et à gauche contre le mur d'appui, près du chœur, pour les leçons de matines, l'autre plus élevé au milieu et au nord pour l'Evangile.

Trois couronnes royales étaient suspendues au milieu et aux deux extrémités, chacune d'elles avait trois chandeliers et trois cierges. Au milieu, sur le mur d'appui, du côté de la nef était une colonne en marbre blanc, de 3 pieds de haut, terminée par une pyramide sculptée. Sur cette colonne, du côté de la nef était pratiquée une case en forme de niche pour placer le Saint-Sacrement le jeudi saint, et à côté une bobêche de cuivre pour un cierge.

des autres ministres, soit que ce siége se trouve derrière l'autel, comme à Lyon, soit que, par une conséquence du relâchement dans les rites, on l'ait placé ailleurs.

Au-dessus de l'autel du jubé, du côté du chœur, était un crucifix de grandeur naturelle, qu'on encensait aux fêtes doubles et devant lequel, le jour de Pâques, au retour de la procession des Fonts (1), pendant le *Magnificat*, on faisait une station en chantant le verset *Adorate*, de même qu'au retour de toutes les processions considérées comme *preces flebiles*, les autres se terminant dans le chœur.

Nul ne pouvait célébrer au grand autel de Lyon, s'il n'était chanoine, évêque, légat, abbé du diocèse ou vicaire d'une des trois églises (2).

Devant l'autel était le *rastellarium*, poutre transversale portée sur deux piliers revêtus de lames de cuivre, servant de support à sept flambeaux, et garnie d'un crochet pour suspendre l'encensoir. Ce meuble est gravé dans le *Voyage liturgique*. Son usage cessa vers 1750.

Le *rastellarium* ne représentait pas le chandelier à sept branches, mais sept chandeliers différents, en mémoire des sept églises de l'Apocalyse.

En baisant l'autel, le prêtre disait : *Ave, Sanctum altare*, à cause des reliques qu'il contenait.

La crédence devait être, non contre l'autel, mais contre le pilier, selon le rit grec.

Tous les prêtres devaient se tenir dans les stalles hautes, et les clercs dans les stalles basses, ce qui se pratique encore. Le sous-diacre ne devait pas s'asseoir non plus que les *induts*, les prêtres ayant seuls ce droit. Les clercs inférieurs et le peuple se tenaient constamment debout. Ce ne fut qu'au XIIIe siècle que l'on introduisit l'usage des miséricordes sur lesquelles on s'appuie, et qui sont censées maintenir la position droite.

(1) Cette procession a été supprimée depuis quelques années, nous ignorons pour quel motif.

(2) Statuts de 1337.

Le siége épiscopal est encore à son ancienne et véritable place au fond de l'abside et plus élevé que l'autel (l'autel ancien). Ce siége fut d'abord placé dans l'église des Saints Apôtres, aujourd'hui Saint-Nizier, construite sur la crypte de saint Pothin. Vers la fin du IV⁵ siècle, il fut transporté dans l'église de Saint-Étienne, bâtie par saint Alpin avec une église adjacente qui servait de baptistère. Il y resta jusqu'au temps de *Leidrade*, qui fit de ce baptistère consacré à saint Jean la métropole (1). Saint-Étienne fut donc métropole avant Saint-Jean, et le clergé primatial porte encore dans les litanies le nom de clergé de Saint-Étienne (2). Quand l'archevêque n'officiait pas, il prenait la stalle du doyen, et à laudes celle du précenteur. Quand il officie, il se place au fond de l'abside entouré de ses assistants, qui forment un demi-cercle en regardant le peuple et l'autel. Il représente ainsi Jésus-Christ et les apôtres. Comme à Lyon toutes les choses ayant rapport au culte étaient en parfaite harmonie, les vitraux correspondant aux fenêtres supérieures de l'abside ont pour sujets Jésus-Christ également entouré des apôtres et ayant la sainte Vierge à ses côtés. Dans le bas du vitrail du milieu sont les armes du Chapitre.

On doit ôter la nappe de l'autel quand la messe est dite. Autrefois on le dépouillait entièrement pour ne laisser que le tapis et le parement, usage qui a été conservé pour le jeudi et le vendredi de la semaine-sainte.

La crédence pour porter les burettes était en pierre et du côté de l'Évangile, qui, à Lyon, était celui de la sacristie ; mais dans les fêtes solennelles, le *ministère*, c'est-à-dire le

____

(1) Martyrologe du XII⁵ siècle. Severt, *Chron. historique.*

(2) *Mémoire pour les bénéficiers perpétuels de l'Église de Lyon*, 1790. On chante dans la deuxième litanie du samedi-saint : Ut clerum et plebem Sancti Stephani conservare digneris, te rogamus audi nos. »

calice, la patène et les burettes, était porté du côté de l'Épitre sur un autel en dehors du sanctuaire (1).

III.

DE LA CHAIRE.

Les chaires sont des meubles relativement modernes ; elles ne furent pas en usage avant le XIIIe siècle. Auparavant le prédicateur se tenait dans la chaire épiscopale, sur les marches de l'autel ou sur l'ambon. A Saint-Jean il n'y en avait pas, car les prédications se faisaient à Sainte-Croix. La destruction de cette église et de l'église de Saint-Étienne est regrettable au point de vue de l'archéologie et de l'histoire comme au point de vue de l'architecture liturgique. Lors du rétablissement du culte après la révolution, Sainte-Croix n'existant plus, il fallut bien mettre la chaire à Saint-Jean, mais on eut alors l'heureuse inspiration de n'édifier qu'une chaire en bois, sans ornements, d'un aspect tout à fait provisoire, pour rappeler que sa présence était une dérogation aux anciens usages. Elle disait hautement par sa pauvreté et sa mesquinerie que la violence seule avait pu la transporter là.

Ces observations sont spéciales à Saint-Jean ; pour d'au-

(1) Selon Thiers, les contre-autels ou retables n'avaient que deux siècles d'antiquité. Anciennement ils étaient défendus, soit à cause des siéges épiscopaux qui étaient derrière, et dont ils auraient masqué la vue, soit à cause d'une cérémonie des messes solennelles, où le sous-diacre, après l'oblation, se retire derrière l'autel avec la patène, en regardant néanmoins le célébrant. De son temps il n'y avait pas de tabernacle dans les cathédrales de Lyon et de Vienne, de Besançon, et dans la plupart de celles des Pays-Bas.

tres églises elles n'auraient aucun sens, et la chaire rentre dans la catégorie des objets sur lesquels on peut discourir. Les archéologues ont énuméré un certain nombre de chaires plus ou moins célèbres, sans établir le type qui devait être préféré. Il faudrait décider, en premier lieu, si la chaire fait partie de l'ensemble architectural, ou si elle n'est qu'un meuble; j'incline pour cette seconde qualification, d'autant plus que je ne lui vois jamais assigner une grande importance relativement au plan. Cela vient de ce que son usage ne remontant pas à la primitive église, a subi et subit encore des modifications. Placée entre les piliers, comme à Paris, elle prend souvent une extension fâcheuse et une décoration exagérée peu en harmonie avec son but. Accolée à un pilier, comme à Lyon, elle gêne la perspective de la nef. Le mieux peut-être (cette question demanderait un examen attentif) serait de rétablir l'usage des ambons pour les églises d'un style antérieur au XIIe siècle, de reconstruire les jubés dans celles qui en possédaient et, dans certains cas, de se servir de chaires mobiles. On devrait en tout état de cause s'attacher à leur donner une structure favorable à la voix de l'orateur plutôt que de se préoccuper d'une question d'ornements. La chaire de Saint-Jean était, il y a quelques années, revêtue d'étoffes violettes pendant l'Avent et le Carême. La disparution de cet usage est regrettable.

Quant au style des chaires à construire, le grand écueil à éviter, surtout avec le style gothique, c'est la forme d'éteignoir renversé ou de coquetier. Un autre inconvénient des chaires qui ferait désirer le rétablissement des ambons ou des jubés, c'est que la prédication faite dans le milieu de la nef oblige une partie des fidèles à tourner le dos à l'autel et à opérer au milieu de l'office une conversion, cause infaillible d'un certain désordre; évitons aussi un usage ridicule qui existe à Paris, celui d'aposter sur les degrés de la chaire un espèce d'appariteur en frac noir avec une chaîne d'acier passée au cou, assimilant l'orateur sacré à un professeur de droit ou de littérature. A Lyon, le suisse mène le prédicateur au pied de la chaire et revient le chercher à la fin du sermon. C'est plus simple et plus digne.

IV.

DES CHAPELLES.

Les chapelles autour de l'abside n'appartiennent pas à la véritable architecture chrétienne. Elles sont ou complètement inutiles ou susceptibles d'amener une foule d'abus. Pour en approcher il faut troubler la majesté du sanctuaire et lui tourner le dos. Dans les églises construites sur un plan semblable, la chapelle qui est dans l'axe de l'abside et de la grande nef est ordinairement consacrée à la Sainte Vierge. Avec un peu de réflexion on s'apercevra que cette fantaisie d'allonger l'église au-delà de l'autel majeur et du siége épiscopal par des enfilades de chapelles secondaires, ne peut que compromettre la vénération due à l'autel principal. Rien ne doit le dominer, de même que jamais une statue ne doit dominer la croix, soit sur les autels, soit au couronnement de l'édifice. On adore la croix (1), on vénère seulement les

---

(1) Ce mot *d'adoration* appliqué à la croix pourrait donner lieu à des interprétations malveillantes de la part des ennemis du catholicisme, dont la critique s'appuie sur l'ignorance ou la mauvaise foi, il nous importe donc aujourd'hui surtout de préciser le sens que l'Église lui assigne :

« Ce n'est pas la Croix elle-même que nous adorons, mais nous adorons Jésus-Christ qui y a été attaché pour notre salut. »

Catéchisme de Lyon, V^e. part., leç. 12.

« Nous adorons Jésus-Christ et nous honorons les saints que les images représentent. »

Ibid., IIIe part., leç. 3.

Néanmoins, dans le langage ordinaire, le mot d'adoration s'applique sou-

images, elles ne sont que les objets de décorations pieuses et ne doivent pas absorber l'attention au détriment de l'objet principal qui est l'eucharistie et le signe du salut.

Employer son talent à orner la maison de Dieu, c'est le plus noble emploi que l'on puisse en faire ; employer pour orner la maison de Dieu le génie et l'inspiration que Dieu a départi aux peintres et aux sculpteurs c'est la voie la plus sûre pour amener l'art sur les confins de ce beau absolu que la mort seule donne le droit de contempler dans sa plénitude. En ce sens on a raison de dire que l'art religieux est l'art par excellence ; mais n'appelons pas art religieux toutes les branches de l'art qui ont les choses de la religion pour prétexte. Ici encore l'ordre est nécessaire. Louons les tableaux et les statues représentant les personnes divines ou saintes, lorsque l'exécution en est à la hauteur du sujet et lorsque ces objets sont à leur place véritable et blâmons-les s'ils se traînent dans les sentiers infimes d'une pratique vulgaire ou s'ils usurpent des places qui ne leur sont pas destinées. Ce sont des objets de décoration, des moyens d'enseignement, une espèce de prédication par des images sensibles. Que les porches, que les angles, que les pinacles soient ornés de statues, que la peinture couvre la nudité des murailles, rien de mieux si l'on n'en abuse pas, si l'on ne compromet pas l'ensemble monumental de l'édifice, surtout

---

vent à la croix, ainsi que nous l'avons fait, et aucun catholique ne se méprend sur son véritable sens. une des parties de l'office du vendredi-saint est intitulée : *Adoration de la Croix*, et dans l'explication de ce rite il est dit :

« Pendant les oraisons un prêtre va à la sacristie, se revêt de l'aube, du cordon, de l'amict, de l'étole et de la chappe violette, adore et baise la croix, etc.. »

Office de la quinzaine de Pâques, extrait du Bréviaire et du Missel de Lyon. Lyon, Perisse, 1838.

si la majesté toute mystique de l'autel et du sanctuaire ne
disparait pas sous une multitude d'appareils capricieux capa-
bles de fausser le jugement, de braver les lois du bon goût
et même de porter une atteinte à la pureté du dogme.

Quand on est engagé dans une mauvaise voie il est difficile d'en sortir. Aussi, une fois que l'on eut adopté l'idée
d'entourer le chœur de chapelles, on ne s'arrêta pas là, et à
ces chapelles en succédèrent d'autres. De cette manière on
allongea indéfiniment l'église du côté où précisément elle ne
devait pas l'être. La place du chœur fut changée, le sanctuaire transporté au milieu de la foule, et il devint difficile
de déterminer avec précision où commence et où finit chaque partie de l'édifice.

La vraie place des chapelles est dans les nefs latérales et les
transepts, là elles doivent être utilisées soit pour les dévotions
particulières, soit pour loger les confessionnaux, soit afin de ré-
server l'autel majeur pour les offices solennels et paroissiaux.

Si l'ensemble d'une église exige l'unité du style, on ne
doit pas étendre cette unité avec trop de rigueur aux chapelles qui en sont les appendices et comme la continuation
du bâtiment principal. Chacune d'elles peut fort bien appar-
tenir à un style différent, selon le goût des fondateurs ou sa
destination. L'unité absolue engendrerait la froideur et la
monotonie. D'ailleurs l'unité est d'autant plus forte et plus
frappante, qu'elle se compose d'une réunion d'individualités
bien caractérisées. L'uniformité n'est qu'une unité de mauvais aloi, produit éphémère d'une pression despotique et non
d'une adhésion libre et spontanée. L'unité est le signe de la
vie, l'uniformité annonce une prostration morale. Un architecte n'a pas besoin de croyances pour faire le plan d'une
église parfaitement uniforme de style dans tous ses détails.
Mais ni le talent ni l'argent ne donneront à un édifice ce
reflet de la piété et de la foi résultant de la variété même

dans les expressions de cette foi et de cette piété. Rien ne
me semble plus beau au point de vue chrétien que le désordre architectural de notre église de Fourvières. Il y a un
peu de tout, chaque génération y a laissé les traces naïves et
touchantes de sa dévotion et fait de l'art à sa manière. Il
y a du roman, du gothique, du rococo et même du gothique
à la façon du XIXe siècle. Cette incorrection est sublime et
si l'on venait à remplacer le vieux sanctuaire et les chapelles groupées autour de lui sans prétentions artistiques par
un édifice conçu d'un seul jet, selon les règles de l'école, les
artistes applaudiraient, mais les âmes pieuses s'en iraient
ailleurs, attristées et cherchant un lieu de pèlerinage où l'on
pût accrocher un *ex voto* sans compromettre les lignes sa-
vantes et symétriques d'un monument.

C'est une erreur assez répandue aujourd'hui que la croyance
à un style religieux et bien déterminé à l'exclusion de tous
les autres. Dans l'appréciation d'un style d'architecture, la
mode et l'influence de la littérature sont pour beaucoup. Il
y a cent ans, on fulminait contre la barbarie et la grossiéreté
du moyen âge ; de nos jours on l'a exalté comme ayant seul
compris la véritable beauté dans les édifices sacrés et l'on a
été bien près de traiter de crétins Michel Ange et Bramante.
La vérité est au-dessus de ces exagérations. De même que les
monuments de l'antiquité, de même que ceux des artistes
italiens du XVIe siècle, les monuments de l'art ogival ont
leur mérite, mérite transcendant, si l'on veut, au point de vue
ecclésiastique ; mais il ne faut pas abuser des formules admi-
ratives à leur égard. Faisons une juste part de louanges à
toutes les belles choses et laissons-les à leur place. Le *dôme*
de Cologne serait absurde à Rome et y ferait tache, tout
comme les ordres classiques de l'architecture qui supposent
un beau ciel, de beaux matériaux et une décoration harmo-
nieuse seraient déplacés dans le Nord. La flèche est nécessaire

à Strasbourg ; à Lyon et dans toutes les régions méridionales, dont les lignes sont doucement accidentées, riches de lumière et de couleur, la flèche, comme toutes les formes aiguës, n'est plus qu'une aiguille barbare , qu'un tour de force sans but , qu'une protestation contre l'ordre et les proportions. Je suis ému en pénétrant sous la nef sombre et élevée de la cathédrale de Bourges, je reconnais là une conception pleine de poésie et de grandeur, une beauté réelle parce qu'elle est où elle doit être, et j'éprouve un égal sentiment d'admiration et un recueillement tout aussi pieux dans notre église des *Chartreux*, type du XVIIIe siècle. Ces deux temples sont dans leurs vraies conditions. L'un dominant de sa masse imposante et triste les tristes plaines du Berry, et ressemblant au milieu des tons lourds et gris du paysage à une production toute naturelle du sol ; l'autre, d'un mode moins lugubre, se mariant aux douces ondulations des collines , aux reflets dorés des bords de la Saône, aux lignes toutes italiennes des terrasses et des villas qui l'environnent.

Le style religieux consiste donc plutôt dans le plan que dans l'ornementation. Ce plan doit être à peu près invariable parce que le culte catholique l'est aussi et que la diversité des rites n'est pas assez grande pour nécessiter des dispositions architecturales qui présentent des divergences bien marquées. L'ornementation au contraire doit varier selon le climat, le site, les matériaux ou les traditions historiques de l'édifice à construire.

Or, à notre avis, le meilleur plan, parce qu'il est conforme à l'histoire, et au symbolisme du culte catholique et parce qu'il s'adapte à toutes ses exigences, c'est celui de la basilique. On ne doit pas tenir compte des modifications de détails dues aux mêmes causes qui produisent la variété dans la liturgie et qui ne l'altèrent pas dans son essence. Ainsi le *Pronaos* ou porche n'est plus de la même utilité qu'aux premiers siècles, on peut le remplacer par le parvis extérieur. Les transepts peuvent être allongés, les bas-côtés peuvent être flanqués de chapelles ou d'autres appendices utiles. Mais le sanctuaire doit garder sa forme et son importance primitive; il doit rester à l'abri des investigations et de la circulation du public, bien caractérisé, même au dehors, par un abaissement de la toiture. A l'intérieur, cet abaissement ajoute à l'effet par une prolongation de la perspective en formant au-dessus de l'autel comme une niche séparée du reste de l'édifice.

V.

DE DIVERS MEUBLES DE L'ÉGLISE.

La table de communion a été introduite moins comme une clôture ornée, que pour aider les fidèles à se présenter avec ordre et décence à la réception du sacrement; elle doit donc être simple de style et ses dimensions ne doivent pas être gênantes. Le mieux est une balustrade en fer ou en cuivre. La fonte est vulgaire et prohibée dans tous les ouvrages d'art qui exigent une certaine dignité. Les tables en pierre sont ordinairement trop massives, leur épaisseur est un obstacle pour les communiants; à Saint-Nizier on avait construit une fort belle table de communion en marbre; elle ne sert à rien, et devant on a ajouté une simple rampe en métal dont on peut se servir. A Saint-Jean elle n'est ni belle ni commode, et cela doit être, car elle est comme l'ancienne chaire une protestation permanente contre la destruction de l'église de Sainte-Croix et du jubé.

J'ai vu en d'autres diocèses des églises où il n'y en a pas; le chœur est sans clôture, et au moment de la communion, on apporte une petite barrière de bois garnie de sa nappe.

Cet usage n'est bon que dans les paroisses où les communions sont rares ; dans une paroisse zélée il aurait de graves inconvénients; cette faible barrière ne pourrait contenir une foule un peu compacte, elle serait renversée ou dérangée.

Que l'on se garde de donner aux confessionnaux des formes nouvelles et prétentieuses. La forme ordinaire est la bonne et son excessive simplicité est loin d'être un défaut. On pourrait choisir néanmoins un meilleur bois que le sapin et le travailler avec un peu plus de recherche qu'on en met à la plus vulgaire boiserie. Il y a à Ainay, dans la chapelle de la Sainte-Vierge, un confessionnal d'un excellent modèle et en rapport, sans apparence d'affectation, avec le style de l'église. Celui de la chapelle particulière de S. E. le Cardinal est d'une grande richesse de travail, et là cette richesse n'est pas déplacée, elle est en harmonie avec le reste de l'ornementation et avec la destination spéciale de l'édicule. Un des plus curieux confessionnaux que l'on puisse voir est dans l'église de Saint-Georges ; sur la claire-voie de la porte on voit un enfant Jésus le corps emmailloté et étendant ses bras. Les confessionnaux de Saint-Jean sont irréprochables par leur décence et leur simplicité.

A Paris on a déployé beaucoup de luxe dans le banc d'œuvre. A Lyon le banc d'œuvre à grand appareil n'existe pas. Nos fabriciens sont plus modestes et se contentent de donner l'exemple de la piété. Au reste, la grande dimension de ces bancs est gênante, et ceux qui y siégent doivent éprouver quelque embarras à poser aussi ostensiblement. A Lyon le banc d'œuvre est moins grand parce qu'il ne sert qu'aux fabriciens et que le clergé ne vient pas s'y installer pour entendre les sermons.

Les distinctions sociales n'existent pas devant Dieu, ou plutôt elles n'existent que pour imposer des devoirs plus rigoureux à ceux qui en sont revêtus ; d'après cela, on conçoit

que dans une église, les chaises doivent être d'un modèle
uniforme, fort simples et d'une structure qui empêche de
les confondre avec les chaises de salon. Les chaises sont une
tolérance et non un droit. En Italie et en Espagne, il n'y en
a point, et l'aspect des églises y gagne. L'abus extrême est
de faire une enceinte privilégiée gardée par les loueuses de
chaises et de tolérer des *priez-dieu* (1) ornés de toutes les
fantaisies de la mode, rembourés, sculptés, armoiriés et gar-
nis même d'une petite bibliothèque dévote. Nos chaises rus-
tiques en nattes tressées suffisent et il n'y a point d'innovation à réclamer dans cette partie.

Rien ne s'oppose au déploiement de toutes les ressources
artistiques pour les bénitiers. Néanmoins il ne faut pas perdre
de vue que leur partie essentielle est la vasque qui contient
l'eau bénite. Son abord doit être facile, à la portée de tous ;
sans cela on serait obligé, comme à Paris, d'avoir recours
aux ridicules donneurs d'eau bénite, dont le bon sens lyonnais ferait promptement justice si l'on venait à les introduire.

Le bon goût et les convenances réclament pour les bénitiers, comme pour les autres meubles, la correction des lignes
et l'harmonie des contours plutôt qu'une recherche frivole
d'ornementation qu'il faut laisser aux bénitiers de boudoirs.
Un des plus beaux que je connaisse est celui de Saint-Jean
porté sur un fragment de pilastre antique. Toute la grandeur de notre histoire ecclésiastique se reflète dans cette
union d'un rite catholique avec un souvenir de la civilisation
romaine (2).

Un autre accessoire de l'ornementation qui a pris une certaine importance et dont on ne peut, à cause de son origine

(1) Selon Ménage, on doit prononcer *prié-dieu* et non *prie-dieu*.

(2) Signalons encore aux curieux le bénitier de la petite paroisse de
Liergues en Lyonnais.

récente, trouver des modèles antérieurs, c'est le *chemin de croix*. Il est à regretter que cette pratique fort louable ait souvent amené dans les églises une imagerie de mauvais goût, une sculpture de pacotille, qui n'est pas de la sculpture mais du moulage mécanique. On se sert le plus souvent de médiocres estampes. En quelques endroits on les a remplacées par des espèces de peintures fabriquées comme le papier peint, ce qui est déplorable. Dans les monuments anciens dont l'architecture doit être respectée, il ne faut que de simples croix pour indiquer les stations ou un calvaire indépendant de l'église.

Un type parfait dans son ensemble, malgré quelques défauts partiels, est celui de Saint-Irénée. Chaque station consiste dans une petite chapelle où un bas-relief indique le sujet. A l'extrémité les grandes et belles croix du calvaire dominent la colline des martyrs. Au delà les regards se perdent dans l'immensité, les cimes neigeuses des Alpes leur servent d'échelons pour atteindre le ciel. Derrière est la crypte vénérable des apôtres de la Gaule. Elle supporte l'église moderne, à laquelle une heureuse inspiration a donné le plan vraiment religieux de la basilique (1). De nos jours on eût commis peut-être l'énorme contre-sens de bâtir une église gothique dans ce lieu imprégné de souvenirs romains. Lorsque, le vendredi-saint, une foule pieuse parcourt l'enceinte en chantant les prières accoutumées, il est impossible de maîtriser l'émotion que fait naître cette scène d'un caractère antique.

En construisant de nouvelles églises, il serait facile de combiner l'établissement de chemins de croix avec l'ensemble du plan, de manière à en tirer un parti avantageux. Les en-

______

(1) Malheureusement l'aspect liturgique de cette église est compromis par un buffet d'orgue. Étrange anomalie dans un temple mis sous le vocable de saint Irénée.

trecolonnements des nefs latérales ou les chapelles pourraient
être disposés à cet effet, les sujets devraient être en pierre
ou en bois sculpté, et rendus par des groupes ou des bas-
reliefs. Mais surtout qu'on nous délivre du carton-pierre,
de la galvanoplastie, des images et de toute la pacotille *in-
dustrielle*.

VI.

DES VITRAUX ET DES ARMOIRIES.

Après avoir brisé les verrières des églises et les avoir trai-
tées d'enluminures barbares, on s'est repris d'une belle passion pour elles, on a recherché et rassemblé avec un soin
pieux leurs fragments éparpillés par l'incurie ou le mauvais
goût ; on a fait plus, on a voulu les fabriquer comme on fa-
brique des bahuts ou des crédences ; les ateliers se sont ou-
verts, les peintres ont répondu à l'appel et plusieurs ont révélé un talent supérieur. Finalement on a abusé des vitraux
comme on abuse de tout, et cela de deux manières ; premiè-
rement en mettant des vitraux là où il n'en fallait pas, dans
l'église de la Charité, par exemple, de style italien et s'ac-
commodant mal de l'obscurité. Il est vrai que ce ne sont pas
des vitraux qui garnissent ses fenêtres, mais des vitres bario-
lées de couleur. Cela est fort heureux, ces vitres seront, avec
le temps, remplacées ou par des verres blancs à petits com-
partiments, ou par des sujets exécutés convenablement et
disposés dans des gammes assez claires pour ne pas inter-
cepter le jour. Le second abus qui s'est introduit dans la
peinture sur verre est une révolution complète dans la manière d'envisager son but et de concevoir son effet. Avant
tout, le style du vitrail doit être décoratif. En voulant faire

concurrence à la peinture véritable, au moyen de cette peinture transparente et sans perspective, on entre dans une voie
fausse et dangereuse. Les anciens vitraux étaient largement
traités, procédaient par de grandes masses de couleurs vives
et de lumières, ou par des détails d'ornementation dont la
réunion composait une mosaïque brillante. Bien que ce
système tînt un peu à l'insuffisance des procédés, il était
raisonnable. Les architectes et les verriers avaient compris
que dans un vaste édifice il fallait, avant tout, produire
une sensation immédiate et ne pas exiger, par trop de fini,
l'attention minutieuse que l'on accorde aux tableaux d'un
musée.

En cela les modernes se fourvoient de plus en plus. Ils
ont produit quelques ouvrages fort remarquables; un des
meilleurs, sans contredit, est le vitrail de la chapelle de
Bourbon, à Saint-Jean. Son auteur, M. Maréchal, a malheureusement quitté cette grande manière pour s'amoindrir
jusqu'à des petits effets de clair-obscur dans le vitrail de saint
Antoine de Padoue, aux Cordeliers de Saint-Bonaventure (1).
On admire toujours sa grande habileté, son coloris fin et
brillant, son dessin correct; mais on gémit de voir tant de
qualités employées en pure perte. Ce vitrail est un tableau
de genre. D'autres ont fait pis et ont cherché à utiliser la
transparence du verre pour obtenir les effets changeants d'un
diorama. Tout ceci est un appel aux sens plus qu'à la pen-
sée. Je blâmerai encore cette affectation archéologique,

(1) Hélas! l'église des Cordeliers, église historique et précieuse par les
noms illustres et les événements qui se liaient à son existence n'existe plus
que de nom. On l'ajuste à la nouvelle mode, ce n'est plus ni une église de
Frères mineurs, ni une église lyonnaise. Nous renvoyons à ce sujet les lecteurs à l'excellent discours de réception à l'Académie, prononcé par M. G.
de Soultrait (*Revue du Lyonnais*). Cette question y est traitée de main de
maître.

d'imiter dans le dessin l'incorrection des plus anciens vitraux.
Il faut prendre du moyen âge ce qu'il a de bon et ne pas
copier servilement jusqu'aux imperfections que l'on ne peut
nier. Gardons-nous de croire que l'expression et le sentiment religieux soient incompatibles avec la beauté des formes ; c'est là un petit travers d'une petite école. On en re-
viendra et l'on se moquera de ces outrages faits à l'anatomie,
comme on rit déjà des beautés frêles et poitrinaires de la littérature romantique.

Les peintures d'armoiries contribuent souvent à la décoration des églises. Rien de mieux que de les rétablir quand elles
ont été effacées ; c'est rendre un service à l'histoire et payer
une dette de reconnaissance à de pieux donateurs. Ces restaurations exigent encore des notions spéciales et ne doivent
pas être considérées comme un amalgame insignifiant de
couleurs. Un écusson, s'il est peint en dépit des lois héraldiques et s'il ne représente pas réellement une famille ou une
corporation, n'est qu'un objet ridicule, une enluminure sans
valeur parce qu'elle n'a aucun sens. Nous avons à déplorer
plusieurs fautes de ce genre commises à Lyon. L'église de
Saint-Nizier était fort riche en images héraldiques ; en 1730,
le syndic du Chapitre, M. Peysson, en fit détruire un grand
nombre. Il y a quelques années, quand on entreprit la restauration de ce monument, sous la direction de M. Pollet,
architecte, on voulut repeindre celles qui étaient restées.
M. Pollet, artiste de mérite, n'eut qu'un tort, celui de venir
trop tôt et d'avoir tout à créer dans la science des restaurations. Soit ignorance du blason, soit insouciance pour la valeur de ces emblèmes, soit, comme on me l'a assuré, par le
désir de jouer un tour aux archéologues futurs, il introduisit
sur les arêtes des voûtes une foule d'écussons qui ne devaient
pas y figurer. Mais du moins ces écussons se rapportaient à
des personnages réels. Plus tard, on en mit d'autres badi-

geonnés de couleurs arbitraires. Au-dessus du maître-autel
et des transepts, sont les armoiries des autorités en charge à
cette époque et que M. Pollet a transportées au seizième
siècle ; Mgr de Pins, administrateur du diocèse, y figure avec
le préfet, M. de Brosses, et le maire, M. Rambaud. Ces armoiries, fort respectables d'ailleurs, constituent un anachro-
nisme. Au premier compartiment de la nef de droite est un
écusson : d'or, à la bande de gueules chargée d'un lion du
champ et acostée de deux cotices de même. Je crois que ce
sont les armes de Mgr Besson, ancien curé de Saint-Nizier,
mort évêque de Metz, blasonnées à contresens ; elles doivent
être : de gueules à la bande d'argent chargée d'un lion de
gueules et acostée de 2 cotices d'or. Il y en a d'autres du
même genre dont j'ai parlé, il y a quelques années, plus au
long. Au dehors, les armes de l'ancien Chapitre et celles de
S. E. le cardinal de Bonald ont été sculptées il y a quelque
temps ; elles présentent une faute d'une autre espèce, celle
d'avoir indiqué les émaux par des hachures et des points.
Cet usage, plus récent que la construction de l'église, n'est
pas applicable à la sculpture monumentale, il ne convient
guère qu'aux armoiries gravées dans un livre, sur un *ex libris*
de bibliothèque ou sur un cachet.

A Saint-Bonaventure, il y a plusieurs restaurations mala-
droites d'armoiries. Celles de la ville de Troyes, qui sont fort
connues et ne sont autres que les armes de Champagne avec
le chef de France, ont été mal repeintes. Elles se trouvent à
la clef de voûte d'une chapelle qui appartenait à la corporation des bonnetiers de Troyes.

En voici suffisamment sur ce sujet ; une plus longue recherche serait hors de propos.

VII.

DES CLOCHERS.

Les clochers sont indispensables, mais les flèches qui les surmontent ne sont qu'un objet de décoration, ordinairement inutile. La flèche dans un sens absolu est une forme barbare et sans harmonie. En certaines circonstances, néanmoins, elle emprunte une beauté relative à sa position ou à son entourage ; dans les plaines du nord, par exemple, elle rompt la monotonie des lignes ; en s'élevant vers un ciel brumeux elle semble vouloir en déchirer les voiles pour chercher le soleil, elle complète le système des toitures aiguës, tristes nécessités des climats où la pierre est rare, où la neige est abondante ; mais dans les régions tempérées où les collines ondulent doucement, elles font tache, comme l'ardoise, elles n'ont pas le mérite de se détacher avec hardiesse, libres et dégagées sur l'horison, étant embarrassées de hauteurs qui les contrarient ; elles sont d'ailleurs un contre-sens avec les lignes horizontales ou arrondies des faîtages.

Dans la région lyonnaise, le vrai type du clocher est le clocher carré, médiocrement haut, dont la toiture est un peu surbaissée ou surmontée d'un dôme à l'italienne ou d'une pointe peu aiguë. Tous nos anciens clochers étaient ainsi, c'étaient des transitions, d'un excellent effet, entre l'architecture massive de la décadence romaine et l'exagération de légèreté du moyen âge.

Le campanile italien de la Charité offre des lignes heureuses, sans dureté et qui ne déparent pas l'ensemble monumental de la place ; on trouverait difficilement de meilleures combinaisons pour former un site favorable à la peinture, que l'arrangement, peut-être dû au hasard ou à cet instinct naturel des harmonies du paysage plus général à mesure que l'on se rapproche de l'Italie, que l'arrangement et les dispositions des clochers des *Carmes Déchaux*, des Antiquailles, et des deux grosses tours de Saint-Jean. Celles-ci ont un caractère de sévérité convenable à la métropole des Gaules, et une physionomie *sui generis* qu'elles doivent à l'aplatissement de leurs toitures ; une terminaison aiguë les rendrait ridicules, il ne manquerait plus qu'une toiture en ardoise sur la nef pour enlever tout le cachet original, toute la couleur du monument et en faire une triste parodie des cathédrales auxquelles Saint-Jean ne ressemble pas et ne doit pas ressembler.

Les premières basiliques n'avaient pas de cloches ; leur usage ne s'introduisit généralement qu'au VIIe siècle (1) ; en Italie, pour ne pas altérer le plan primitif des églises, on a conservé l'habitude de mettre les cloches dans un édifice isolé, placé en dehors et qui a pris le nom de *Campanile*.

Dans les autres églises de l'occident, on réunit les clochers aux constructions principales, on les doubla pour plus de symétrie et plus tard même on en multiplia le nombre.

Il y a fort peu de cathédrales dont les clochers soient pareils ; sur ce fait on a imaginé une foule de conjectures ingénieuses pour en expliquer l'irrégularité. Les théories n'ont fait qu'embrouiller la question qui était fort simple. Lorsque l'on trouve dans une même église deux clochers en regard et d'un modèle différent, il faut en chercher la cause dans les variations du goût aux époques où ils furent construits, dans l'amour propre des architectes qui veulent quelquefois faire autrement que leurs prédécesseurs et renchérir sur leurs idées, et non dans

______

(1) Saint Paulin évêque de *Nole* en *Campanie*, fut à ce que l'on croit le premier qui introduisit l'usage des cloches, de là vinrent leurs deux noms latins *Nola* et *Campana*. Leur usage devint général sous le pape Sabinien, en 605. *Cloche* vient de *Cloca*, mot gaulois employé dans les capitulaires de Charlemagne, ou selon quelques étymologistes, du verbe *claudicare*, boiter, parce que leur mouvement imitait la marche d'un boiteux.

le symbolisme imaginaire d'un ordre hiérarchique démenti par l'examen des églises auxquelles s'apliquent ces irrégularités. A Saint-Sulpice, église toute moderne, les deux tours ne se ressemblent pas malgré l'ordonnance régulière de la façade. Les vicissitudes de la construction de ces tours sont connues et peuvent servir à donner la raison de tous les faits du même genre ; dans le plan de *Servandoni* elles étaient pareilles, jamais un architecte n'aurait eu l'idée saugrenue de commettre une dissonnance aussi choquante, et on ne la trouve jamais dans les édifices élevés d'un seul jet. Le plan du *dôme de Cologne* type le plus complet de l'art ogival dans le nord, présente deux clochers surmontés de flèches et exactement pareils ; une revue des plus importantes églises du monde prouverait surabondamment que l'on ne doit rattacher aucune idée symbolique au défaut de symétrie des tours ; à Lyon, métropole et Primatiale, celles de la façade sont semblables, à Notre-Dame de Paris également, bien que Notre-Dame ne fût que la cathédrale d'un simple Évêché. Laissons là les citations et les exemples que chacun peut examiner en particulier et concluons de ceci que cette anomalie respectable quand elle a reçu la consécration du temps et des souvenirs, deviendrait choquante, commise de parti pris et avec la prétention de se conformer à une règle qui n'a jamais existé.

VIII.

DES COSTUMES.

Dom Guéranger, dans ses Institutions liturgiques, a fait une critique aussi spirituelle que juste des chasubles modernes et de leurs formes étriquées si différentes de l'ampleur et de la majesté des anciennes ; qu'aurait-il dit, s'il eût vu les chasubles en usage dans quelques églises de Lyon? Les marchands d'ornements ne se sont pas contentés d'enfreindre les prescriptions du *cérémonial*, qui veulent que la croix soit une véritable croix et non de ces croix de fantaisie prohibées sous le nom de *Croix Parisiennes* ; ils ont violé encore les règles du sens commun et du bon goût en les surchargeant d'ornements lourds, quand ils ne sont pas grotesques et même de lignes architecturales simulant la pierre par leurs dispositions et leurs reliefs sur une étoffe, dont le caractère doit être la légèreté et la souplesse ; le centre de la croix est devenu le refuge de leurs imaginations ; c'est ainsi que sur la chasuble des morts d'une paroisse importante, on voit un tombeau entouré de cyprès, comme on en mettait autrefois en tête des lettres de part ; sur une autre, le fabriquant a eu l'idée non moins réjouissante de mettre au bas de la croix une femme agenouillée, avec l'expression de la plus grande douleur ; dans la paroisse que je viens de citer une autre chasuble, dont la couleur n'est pas admise par le rituel, présente en outre dans le milieu de la croix, une sainte vierge en relief ! A la Primatiale et à Fourvières on ne tombe pas dans ces écarts ; mais ailleurs la fantaisie vagabonde est restée maîtresse du terrain.

Les mêmes abus se remarquent dans les autres ornements, dans les chappes, dans les dais ; tous devraient avoir l'apparence d'une étoffe et n'ont que celle d'un corps solide ; on met des croix où elles ne devraient pas être, comme sur le voile du calice ; ces croix prennent l'apparence la plus fantastique comme si l'on avait peur de paraître vulgaire en faisant la vraie forme de la croix ; ce sont des croix ancrées, pattées, fleuronnées, des croix héraldiques, et non la croix du Sauveur ; les dais sont devenus des espèces de monuments tellement lourds que les fabriciens ne pourront plus les porter aux processions ; on aura recours aux chevaux comme pour les corbillards ; on a fait aussi des ostensoirs de telle dimension que

l'on ne peut plus donner la bénédiction avec eux. A Saint-Jean
même, on avait, il y a quelques années, imaginé une espèce
de cric pour hisser le Saint-Sacrement dans sa niche ; cet appareil, fort heureusement, a disparu. Mais aux jours où le St-
Sacrement est exposé, il est à une telle hauteur que le
chanoine-sacristain est obligé de monter sur l'autel pour le
prendre, ce qui est dangereux et peu respectueux, ou d'aller
par derrière gravir les marches d'un escalier postiche non
moins contraire aux règles qui doivent présider à la décoration des autels.

A la suite de ces observations, il est juste de constater que
Lyon, sous le rapport des costumes, conserve une supériorité
sur les autres diocèses. Celui des chanoines est digne avec
beaucoup de simplicité, celui des prêtres est aussi éloigné de
la négligence de certains pays que de l'afféterie parisienne ;
la soutane noire et le surplis flottant des enfants de chœur
ont un aspect grave et ecclésiastique fort différent des habil-
lements de poupée des autres métropoles. On peut faire les
mêmes remarques sur l'uniforme et les allures du suisse, du
massier, des bedeaux, des thuriféraires et des acolytes ; pour
tous ces détails on consultera avec fruit les nombreux écrits
de M. J. Bard. Cet écrivain a le mérite, selon moi, d'avoir
saisi et apprécié, l'un des premiers, dans ses plus minimes
parties, la physionomie si remarquable, si bien coordonnée
du cérémonial lyonnais ; on a traité ses recherches de minuties ridicules ; je ne suis pas de cet avis ; ces minuties ont plus
d'importance qu'on ne croirait au premier abord ; le jour où
elles auront disparu pour faire place à un genre plus à la
mode, l'Église de Lyon sera sur la pente d'une décadence
rapide, les innovations feront oublier les règles et la discipline, cet oubli amènera l'indifférence et la frivolité dans les
choses du culte et par contre-coup l'affaiblissement de la piété.

IX.

DES REPOSOIRS.

L'usage à Lyon est de porter, le jeudi-saint, le Saint-Sacrement dans un *reposoir* orné et éclairé par un grand nombre de bougies ; là, il n'est pas caché, mais voilé seulement par une gaze. Dans quelques chapelles de Communautés, on suit l'usage étranger au diocèse de le porter dans un *tombeau*, c'est-à-dire, d'exposer le calice surmonté de la patène et environné des autres vases sacrés, sans lumière ni appareil décoratif ; les reposoirs frappent davantage l'imagination ; le peuple dans son langage sensé les nomme des paradis, et pourquoi un tombeau, image matérielle et funèbre, pour célébrer le triomphe de la vie sur la mort? Le tombeau c'est le reste de l'église vide et dépouillée, le reposoir c'est la représentation mystique du ciel où la mort n'a plus aucun droit.

X.

DES HORLOGES.

Que les clochers nous avertissent des heures par un timbre ou par un cadran, cela est fort utile ; mais il est inutile, singulier et fort mal à propos que les horloges soient établies dans l'intérieur même de l'église, comme à Paris. L'aspect d'un énorme cadran placé d'ordinaire à la montre du grand orgue choque les regards et n'a rien de religieux ; le bruit périodique du marteau interrompt désagréablement le chant des offices, la voix du prédicateur ou le silence de la prière. Cet abus n'existe pas à Lyon, il faut espérer que l'engouement pour les nouveautés n'ira pas jusqu'à l'y introduire.

XI.

DE L'ÉCLAIRAGE.

Il n'est pas nécessaire d'entrer dans de grands développements à ce sujet, toute personne ayant, à défaut de la connaissance des principes qui règlent le cérémonial ecclésiastique, quelques idées d'art et quelque sentiment des convenances religieuses sera suffisamment fixée à cet égard ; le seul mode admissible d'éclairage dans les églises est celui qui résulte de l'emploi de la cire et de l'huile, les bougies et les lampes. L'introduction du gaz est une monstruosité égale à l'emploi de la fonte, du carton pierre ou du bitume dans la construction. Il y quelques années, S. E. le cardinal de Bonald le proscrivit formellement dans une circulaire, ses prescriptions marquées au sceau de la raison, du goût et du bon sens n'ont malheureusement pas été suivies et chaque jour on voit s'accroître le nombre des églises de son diocèse, éclairées au gaz, au moyen d'appareils semblables à ceux des cafés.

XII

DES ORGUES.

Il y en a de deux espèces, les grandes et les petites. Nous ne les envisagerons qu'au point de vue architectural et décoratif. Au point de vue liturgique, leurs effets ont été funestes ; (1) elles ont amené la décadence du plain-chant

---

(1) Avant que l'on eût introduit un jeu d'orgues à Saint-Jean, le plain-chant y était exécuté dans les meilleures conditions ; c'est-à-dire par une réunion nombreuse de voix de tous les registres et bien exercées. Depuis (je ne dis pas que ce soit la faute de l'orgue, je constate un fait), cette masse imposante a été affaiblie par l'abstention du petit séminaire qui reste bouche close et semble indifférent au chant des offices, les chapelains et les chanoines en restant seuls chargés. Les voix d'enfants manquent donc, sauf les cas où la maîtrise intervient, mais lorsqu'elle intervient c'est autant pour faire entendre de la musique que du plain-chant. Les chapelains et les chanoines, malgré leur zèle fort digne d'éloges, se trouvent ainsi privés du

et seront cause de sa ruine complète, par l'introduction
d'un élément contraire à la tonalité ecclésiastique, par
les tendances naturelles de l'harmonie aux allures de la
tonalité et du rhythme de la musique, par l'habitude que
ces instruments introduisent peu à peu, de supprimer ou de
mutiler à leur profit une partie des offices et des cérémonies.
Les orgues ont amené, comme l'a si judicieusement observé
M. Nolhac, une perturbation grave dans les rites et dans les
habitudes pieuses ; les fidèles s'habituent à venir moins pour se
recueillir que pour juger du mérite des artistes dont les noms
sont proclamés et dont les séances sont annoncées avec fra-
cas ; et quand la veille des grandes fêtes ils se rendent à leur
église pour se réconcilier au tribunal de la pénitence ou se
préparer par de sérieuses méditations, ils en sont éloignés par
les exercices de l'organiste qui repasse son morceau du len-
demain, accorde ses tuyaux ou fait répéter un motet.

La place normale du grand orgue est à l'entrée de l'église,
au-dessus de la porte principale. Sa boiserie confiée à un architecte entendu peut être un embellissement et quelquefois
un complément nécessaire de cette partie de l'édifice ; d'un
autre côté, beaucoup d'églises n'ont pas été construites en
prévisions des orgues, il faut alors s'en priver, ce n'est pas
un grand mal, et respecter leurs dispositions primitives. Il en
est de même pour les orgues de chœur dont l'emploi est plus

concours d'organes jeunes et vigoureux, sont déroutés par les retouches
que l'on a fait subir à la notation et ne peuvent donner qu'une idée
imparfaite de ce qu'était autrefois le chant à la Primatiale et de ce qu'il
devrait être partout. Je désire me tromper à cet égard, mais hélas, je
crains bien d'être trop véridique. J'assiste souvent aux offices de Saint-
Jean et souvent j'ai vu de vieux Lyonnais gémir de ces erreurs de chant
inconnues autrefois, de ces psaumes et de ces antiennes exécutés par un
si petit nombre de voix, quand les stalles sont garnies de tant d'enfants
et de jeunes hommes qui pourraient rendre le chœur puissant et majestueux.

récent et pour lesquelles aucune place n'a été ménagée. (1) A Saint-Jean, comme dans toutes les églises du diocèse de Lyon et des diocèses environnants attachés aux mêmes rites et qui n'ont pas été construites dans les temps modernes, ou par des ordres religieux, il serait impossible d'installer un grand orgue sans encourir le reproche de vandalisme, sans mutiler le monument, sans rompre son harmonie intérieure par l'établissement d'une tribune et de son escalier. La règle exclusive des orgues est ainsi confirmée par l'édifice lui-même. (2) Quant à l'orgue de chœur de la Primatiale il a changé trois fois de place ; on le mit d'abord en avant de l'autel où il était gênant pour le clergé comme pour les fidèles, a cause de ses dimensions, trop fortes pour l'usage auquel il était destiné ; puis il usurpa la place de l'archevêque au fond de l'abside ; actuellement il bouche une des arcades de la chapelle de la Sainte-Vierge, et le style aigu de sa boiserie se heurte aux ogives modérées du bas et aux pleins cintres de la galerie supérieure.

Dans les églises où il n'y a pas encore de grand orgue, il est inutile de s'imposer de lourdes dépenses et de gâter l'architecture pour en avoir un ; car, en le maintenant dans des limites raisonnables il aura peu d'occasions de se faire entendre. Son but est évidemment de rehausser la pompe et l'éclat

(1) Dans certains pays, en Italie par exemple, on se sert, pour accompagner, d'orgues portatifs, quelquefois il y a des orgues placés sur les côtés de la nef aux tribunes et planant aussi sur le chœur.

(2) A Saint-Jean « lorsqu'on ôta le jeu d'orgues de l'abside, où il offusquait tous les regards, (dit M. l'abbé Cattet) quelqu'un demandait : où le placerons-nous ? Un célèbre architecte qui était présent nous a assuré qu'il avait répondu il n'y a pas de place, parce que le monument tout entier dépose contre cet instrument à Lyon. Il ajouta avec beaucoup d'à-propos, et sans doute il ne parlait pas des chanoines :

Quia si hi tacuerint, lapides clamabunt. St Luc, C. 19, v. 40... »

Lettre à l'abbé Rony par M. Cattet. Lyon 1843, page 304.

des fêtes par la musique ; pour que ce but soit atteint, il ne faut pas en abuser, il faut lui faire observer le silence pendant les féries ordinaires, pendant les temps de pénitence, c'est-à-dire de l'Avent à Noël, trois semaines ; de la Septuagésime au samedi saint, neuf semaines ; de la Pentecôte à l'Avent, en exceptant des dimanches simples le temps qui s'écoule depuis la Pentecôte jusqu'au dernier jour de l'octave de la Fête-Dieu et quelques autres fêtes qui surviennent dans l'intervalle, comme la Saint-Jean, l'Assomption, la Toussaint et les fêtes patronales, environ vingt-trois semaines ; en tout trente cinq semaines de mutisme, c'est-à-dire plus de la moitié de l'année. Dans le temps où on peut l'admettre, son emploi le plus réel est de dissimuler le bruit inséparable de l'entrée et de la sortie des offices, de combler certaines lacunes dans les processions, et les lacunes sont rares dans un cérémonial bien réglé comme celui de Lyon. À la messe et aux vêpres, on ne peut pas supprimer les antiennes que l'Église a jugé à propos d'insérer, pour laisser le champ libre à une sonate ; je parle au point de vue de ceux qui veulent entendre la messe ; ceux qui n'y viennent que pour la musique seront d'un avis opposé et voudraient que l'on supprimât la messe pour n'entendre que l'organiste ; cela se pratique ainsi de nos jours ; très souvent quand il y a *musique* ou *orgue*, on dit une messe basse pour la forme, personne n'y fait attention, on sait bien que le but de la réunion est à la tribune et non à l'autel. À Paris on a fait mieux on est allé jusqu'à tout supprimer, messe, oraisons, prêtres, clergeons, on n'a laissé dans l'église (à Saint-Eustache) que les chœurs, les solistes et l'orchestre de l'opéra (1).

(1) « D'abord, l'orgue ne joue pas dans les messes du temps de l'Avent, du Carême, et des Morts, sauf au Lœtare et Gaudete etc il peut accompagner aux graduel, offertoire, communion, jamais au credo.

Le manque de choristes et leur inexpérience justifie
jusqu'à un certain point l'emploi d'un orgue de chœur
pour soutenir et diriger les voix. En dédaignant de parti-
ciper au chant, en se déchargeant de ce soin sur des merce-
naires, en n'employant que des basses-tailles, le clergé a
appauvri les chœurs des églises ; à Lyon le besoin de
cet auxiliaire ne s'était pas fait sentir avant les dernières
années ; le clergé chantait, et apprenait à chanter ainsi que
les enfants de chœur et beaucoup de laïques, et partout,
même dans les campagnes, l'office était exécuté si non musi-
calement, du moins avec convenance. L'apparition des orgues, due non à une nécessité mais à une mode, a amené le
relâchement dans l'étude du plain-chant et l'engoûment pour
la musique, et quelle musique ? très-souvent ce dilettantisme
n'est qu'apparent et sert à favoriser la paresse de ceux qui veulent se soustraire à l'obligation de chanter, et quant aux enfants de chœur, les tendances musicales n'aboutiront, cela est
à craindre, qu'à les éloigner du sanctuaire et à leur faire prendre le chemin du théâtre, et quelle musique ai-je dit ? pour une
église comme Saint-Jean où l'on remplacera le plain-chant par
des ouvrages des grands compositeurs, il y en a cent où l'on
n'admettra que des compositeurs de pacotille. Il y a toujours
une foule de néophytes en musique qui s'imaginent faire de
l'art sérieux et même de l'art religieux avec les productions du

.... il ne doit jamais jouer durant la bénédiction du Saint-Sacrement laquelle se donne dans le plus grand silence. »

Cours élémentaire de liturgie, par un ancien curé, Paris, 1856.

Cité par la maîtrise du 15 novembre 1860.

« Qu'ils n'oublient pas (les recteurs des églises) que, selon les rites de
l'Église, il n'est point permis de chanter des cantiques en langue vulgaire
durant la messe ou les vêpres solennelles. »

Décret du 3ᵉ concile de Baltimore, 1837.

Cité par la maîtrise du 15 octobre, 1860.

Père Lambillote, de Mercadante, de Rémond et avec des bribes de musique dramatique.

En tous cas, l'orgue d'accompagnement ne doit pas atteindre à des proportions qui rivalisent avec celles du grand orgue. Il doit se borner à soutenir le chœur sans jamais le supprimer et encore faut-il qu'il soit à une place convenable. Il serait à désirer qu'il fût touché par un ecclésiastique, un personnage laïque produisant un singulier disparato au milieu des surplis et des chasubles.

La place de l'orgue d'accompagnement, de même que celle du clergé chantant et des clergeons, est entre l'autel et la nef, dans l'avant-chœur et par côté, les prêtres et clercs rangés dans les stalles comme à Lyon, de manière, à ne gêner ni la vue ni les cérémonies ; de cette manière le chant alternatif a une raison d'être, tandis que si les chantres sont réunis en un seul groupe devant un lutrin, il n'a aucun sens. Cet orgue par conséquent doit être de très-petites dimensions. Il faut éviter surtout d'avoir à la place d'un orgue véritable, un de ces instruments bâtards d'une sonorité désagréable et douteuse pour la justesse, connus sous le nom générique d'harmonium.

C'est une faute contre le goût en architecture aussi bien que contre les convenances liturgiques, c'est une négation des traditions et du symbolisme religieux que de placer un orgue au fond de l'abside et derrière l'autel, comme on l'a fait dans plusieurs églises de Lyon. (1) Le chant à l'église n'est pas autre chose qu'un des modes de la prière, et l'on prie par devant et non par derrière. Chanter derrière l'autel c'est comme si l'on débitait un discours dans le dos d'un grand personnage et non en face de lui; cette petite supercherie d'une musique invisible dont les exécutants sont cachés aux regards

____

(1) A Saint-Paul, à Saint-Nizier, à Saint-Bonaventure, à Saint-Just, à Saint-Pothin........

des auditeurs est bonne pour les futilités du théâtre mais indigne de la gravité du sanctuaire.

Il faut observer en outre, que la partie de l'église qui est entre l'autel et son extrémité orientale, c'est-à-dire l'abside, est par excellence la partie sainte, mystérieuse, interdite au monde profane, même aux clercs qui n'ont à remplir qu'un rôle d'assistants et réservée à ceux qui officient. Les musiciens ne doivent donc pas l'envahir, car leurs fonctions sont fort inférieures à celles du prêtre offrant le saint sacrifice et de ses servants, dont l'attention se trouverait ainsi détournée sur l'instrument et les mouvements de ceux qui exécutent le concert. L'histoire et le symbolisme des églises le démontrent, tous les archéologues sont d'accord sur ce point, que l'église dans son plan figure Notre-Seigneur sur la croix, et, dans cette représentation mystique, l'autel et l'abside figurent la tête du Sauveur. Pour adorer Dieu, chanter ses louanges et le prier, le respect veut que l'on se prosterne à ses pieds et non au delà de son chef.

Tels furent les usages consacrés par les rits catholiques dès les premiers siècles, que l'église primatiale de Lyon conserva intacts jusqu'à la Révolution, et conserve encore en grande partie malgré des altérations dues aux malheurs des temps.

En effet, les premières églises ayant été les basiliques païennes, où se rendait la justice, « une fois la nouvelle destination consacrée, la place de l'évêque ou prêtre officiant fut au fond de l'hémicycle sur un siége élevé nommé *Cathedra*. L'espace autrefois réservé aux avocats, (au devant de l'hémicycle ou abside) fut occupé par les chantres et le bas clergé et prit le nom de chœur, l'autel fut établi entre le chœur et la tribune, c'est-à-dire en avant de l'abside (1). »

(1) Manuel d'architecture religieuse au moyen-âge par MM. Peyré et Desjardins. Lyon 1848.

XIII

CHAPITRE DE L'ÉGLISE PRIMATIALE ET USAGES PARTICULIERS.

Les Chapitres doivent leurs origines à saint Chrodegang, de Metz (1). A Lyon, Leydrade fit bâtir le cloître de Saint-Jean pour loger les chanoines, qui eurent, d'abord, le nom de frères de Saint-Étienne, du nom du premier patron de la cathédrale ; leur principale fonction était de s'appliquer au chant. Quand ils eurent acquis le comté de Lyon, en suite de la transaction passée avec le comte de Forez, en 1173, ils exercèrent le pouvoir en commun avec l'archevêque. Ce partage d'autorité devint définitif en 1220 ; on trouve alors des chanoines ayant le titre *d'obéanciers* ou usufruitiers des terres seigneuriales du Chapitre (2). Leur nombre fut d'abord illimité, et d'au moins 72 ; en 1321, on le réduisit à 32, dont 8 dignités et un personnat, qui étaient :

1° Le *Doyen*, il présidait aux délibérations, avait l'exercice de la cure, l'administration spirituelle et temporelle de l'église, la direction de l'office divin et de l'office cannonial.

2° *L'Archidiacre*, il était chargé d'examiner les postulants à l'ordination pour le Chapitre, de la visite des paroisses, des fonctions de Diacre aux trois fêtes solennelles ; il était chef du Chapitre de Saint-Nizier.

(1) Voir l'Église primatiale : par l'abbé Jacques, et les Statuts de l'église de Lyon, de 1175, manuscrit de la bibliothèque Coste. Nous donnerons une liste des chanoines comtes de Lyon sinon irréprochable, du moins plus complète que celles que l'on a publiées jusqu'à présent.

(2) Gaudemar de Jarez vivant vers 1250, chanoine et chamarrier de Saint-Jean, est qualifié *d'Obéancier de Condrieu.*

3° et 4° Le *Précenteur*, le *Chantre* et le *Maître de Chœur* (qui était le personnat) étaient chargés de veiller à la solennité du culte ; ils entonnaient les offices, et le *maître de chœur* avait la tâche de noter les fautes commises dans les trois églises et de faire le tableau des offices.

5° Le *Chamarrier*, il couchait dans la chambre de l'archevêque et avait la police du cloître (1).

6° Le *Grand custode*, curé de la paroisse, chargé de la direction de l'église de Saint-Etienne, il y avait quatre custodes qui étaient comme les délégués des dignitaires pour la garde des trois églises. Ils avaient été institués au IX° siècle par Leydrade, de même que les chevaliers et les perpétuels. **Deux des custodes étaient curés de Sainte-Croix, le troisième était sacristain de Saint-Etienne et le quatrième trésorier de Saint-Jean.**

---

(1) Le chanoine *d'Estaing* fit bâtir, pour loger les chamarriers, la maison qui fait l'angle de la rue *Porte-Froc* et de la rue *Saint-Jean*. Cette maison est remarquable par son élégance d'architecture ; on admire son escalier, le puits de la cour et les charmants détails des fenêtres. M. Martin les a reproduits par la gravure dans son ouvrage ; les armes *d'Estaing* sont à une clef de voûte au 1ᵉʳ étage ; cette famille était de Rouergue et a fourni sept chanoines au Chapitre de Lyon, ce sont :

1° Jean d'Estaing, chamarrier en 1446, ambassadeur de France à Rome.

2° Charles d'Estaing, chamarrier, prieur de Parisot, 1522.

3° Jean d'Estaing, son frère, archidiacre, 1530, évêque de Rhodez.

4° Fançois d'Estaing, abbé de Saint-Chapas, doyen, mort en odeur de sainteté le 1ᵉʳ novembre 1529.

5° Antoine d'Estaing, son frère, 1495, doyen en 1516, (évêque d'Angoulême en 1505), chanoine et sacristain de Rhodez, prévost de Villefranche, mort empoisonné au château de Varc près Angoulême le 28 février, 1523.

6° Louis d'Estaing, aumônier d'Anne d'Autriche, évêque de Clermont, en 1664.

7° Charles d'Estaing abbé de Montperouz, prieur de Solminiac, qui abandera l'état ecclésiatique en 1702.

7° Le *Prévost* qui présidait le Chapitre de Fourvières.

8° Le *Sacristain* ou *Grand prêtre*, vicaire de l'archevêque, chargé de l'église, du trésor et du clocher.

Outre les chanoines, l'église primatiale avait d'autres officiers qui étaient :

Sept Chevaliers ou chanoines secondaires, institués pour être le conseil du Chapitre dans lequel ils avaient entrée sans voix délibérative. Il fallait pour obtenir cette dignité être né en légitime mariage et reçu docteur en droit civil et en droit canon ; elle se donnait souvent à des conseillers au parlement.

Un Théologal simple officier, chargé d'expliquer l'écriture sainte et de donner des leçons en théologie dans le séminaire. Le théologal, qui souvent était un moine, ne faisait pas partie du Chapitre comme dans beaucoup d'autres églises.

Douze Chapelains perpétuels, leur nombre fut ensuite porté à vingt ; ils étaient spécialement chargés des offices ; les places de Perpétuels étaient destinées aux enfants de chœur qui passaient par tous les degrés de l'ordination et demeuraient *Habitués* avant d'être *perpétuels*.

Un Sous-maître qui régissait les biens.

Un Scholastique qui présidait aux écoles de la ville.

Un Dapifer ou *Pannetier* chargé du réfectoire. Près de soixante *habitués* munis de prébendes ou *incorporés* dont 6 diacres et sous-diacres, 18 clercs inférieurs et 24 enfants de chœur,

Un Peintre,

Un Médecin,

Un Manécantier chargé de la pension des enfants de chœur.

Pour honoraires, les chanoines avaient des terres ou *man sions* seigneuriales ; de là vint le nom de seigneur mansionnaire affecté aux comtes relativement aux fiefs de l'Église dont ils étaient munis.

Le Chapitre (jusqu'au concordat de Léon X) était en pos-
session de nommer l'archevêque et exempt de la juridiction
épiscopale. Il avait le droit d'excommunication contre certaines catégories de laïques, et c'est ce que l'on appelait la
justice du glaive. Elle lui fut accordée par le pape Nicolas IV;
il réglait la liturgie et était nanti des droits de régale, c'est-
à-dire du droit de percevoir les revenus de l'archevêché, au
décès du titulaire, jusqu'à l'arrivée de l'évêque d'Autun, premier suffragant, qui en jouissait à son tour jusqu'à la nomi-
nation du nouvel archevêque.

Sous Louis XIV, à l'époque de la plus grande splendeur
de l'Église, le clergé de la Primatiale se composait d'au
moins 130 personnes, divisées en 3 corps et chaque corps
en trois ordres. Ainsi le corps des chanoines était divisé en
prêtres, diacres et sous-diacres. Le doyen était à la tête des
prêtres, l'archidiacre et le précenteur à la tête des diacres et
sous-diacres. Cette division avait pour but de rappeler les
9 chœurs des anges.

L'ancien costume des chanoines, transmis par un vitrail
de Saint-Jean, consistait en une soutane rouge, un surplis
très-bas, une aumusse (1) très-ample dont le capuchon tenait
lieu de bonnet carré. L'aumusse se quittait à la Pentecôte et
se reprenait à la Saint-Michel. De l'Avent à Pâques on portait l'habit d'hiver : un rochet, une chappe noire bordée de
rouge et par dessus un camail pointu comme le portent encore les enfants de chœur. La forme actuelle du costume
date du cardinal de Tencin. Autrefois les chanoines de Lyon
portaient la mitre. Il leur était défendu, par un statut de
1340, de passer devant l'église sans être en habit de chœur,
depuis le premier coup de matines jusqu'après la grand-

____

(1) L'aumusse était en fourrure frangée en bas selon la découpure du
poil.

messe et depuis le premier coup de nones jusqu'après les complies.

Les douze perpétuels, aux offices solennels, représentaient les douze apôtres, et les disciples étaient figurés par le nombre indéfini des autres assistants.

Les chanoines, de même que tous les autres serviteurs de l'Église de Saint-Jean, étaient inhumés à Fourvières, à moins qu'ils n'eussent choisi leur sépulture ailleurs. — S'ils manquaient à l'office, ils étaient punis d'une amende. — A leur réception ils prêtaient un serment solennel d'observer l'ordre et de maintenir les réglements, la discipline, la liturgie et les anciens usages de leur église.

Ni chanoines ni clercs ne pouvaient entrer au chœur après le quatrième verset du deuxième psaume de l'office, et on ne pouvait pas s'arrêter en passant devant le chœur ou en en sortant, ni devant l'église pendant la sonnerie. Durant l'office le silence le plus exact était exigé ; il fallait se couvrir la bouche avec ses habits en cas d'une envie de bâiller, se moucher en secret et sous le surplis, ne pas passer dans le cloître en habits séculiers et ne pas se permettre de gestes en chantant.

Les chanoines-comtes étaient reçus à cette dignité sans être engagés dans les ordres. Néanmoins le doyen, le sacristain, le custode et le maître de chœur devaient être prêtres ; l'archidiacre devait être diacre, les autres devaient arriver à la prêtrise dans le délai suffisant pour remplir les fonctions à leur tour (1).

Le cérémonial de la réception d'un comte de Lyon se trouve dans Moréri et le formulaire des preuves a été imprimé dans le siècle dernier.

L'obligation des preuves ne date que de l'année 1419.

(1) Statuts de 1352.

Jean de Grolée fut le premier qui les fournit. Auparavant on se bornait à l'attestation des parrains qui répondaient de la noblesse du récipiendaire. Ces preuves furent d'abord de 4 degrés ou 8 quartiers, le 5e degré énoncé. Au commencement du XVIIe siècle on les porta à 5 degrés ou 16 quartiers.

L'acquisition du comté de Lyon par l'Église, origine du titre de comte porté par les chanoines de Saint-Jean, fut reconnue et confirmée en 1157 par la bulle d'or de l'empereur Frédéric, en sa qualité de maître de ce comté, d'ancienneté. Elle fut confirmée une seconde fois en 1173 par la transaction passée entre l'archevêque Guichard et Guy II, comte de Lyon et de Forez, qui limita le territoire de chacun d'eux. L'élection de Raynaud, fils de Guy II, comte-archevêque de Lyon, acheva d'éteindre les différents entre l'Église et les Comtes de Forez, et enfin, en 1184, une seconde bulle de l'empereur Frédéric fut octroyée à l'archevêque Jean de Bellesmes. La bulle de 1157, donnée à l'archevêque Héraclius de Montboissier, était conservée en original dans le trésor de Saint-Jean, où Menestrier dit l'avoir vue. (Menestrier, *Histoire consulaire*, page 275).

XIV.

Quelques usages particuliers de l'Église de Lyon tirés des anciens statuts de 1173.

Ces statuts furent écrits sous l'archevêque Guichard, par Pierre de Mayzé (de Mayziaco), trésorier, Pierre de l'Isle et quelques autres perpétuels et chanoines, approuvés par le Chapitre au son de la cloche et publiés sous l'archevêque Jean de Bellesmes, successeur de Guichard, Estienne de Rochetaillée étant doyen. Ils sont suivis d'autres statuts publiés à diverses époques et forment un volume manuscrit qui était à la bibliothèque de Saint-Irénée, passa dans celle de M. Coste et appartient aujourd'hui à celle de la ville (1).

Tous les jours de l'Avent et du Carême, à moins qu'il n'y ait une fête, on chante les litanies des morts. A la quatrième férie, on place le candélabre de bois (il s'agit probablement du *Rastellarium*. Il fut mis hors d'usage le 13 décembre 1749, et l'on fit faire à sa place de grands chandeliers d'argent).

A la fête de saint Jean-Baptiste il y a sept céroféraires. (Les sept céroféraires figurent encore aujourd'hui aux messes des grandes fêtes).

Il n'y avait que quatre fêtes de la Vierge : l'Annonciation, l'Assomption, la Nativité et la Purification.

Aux Avents et pendant le Carême, les diacres revêtaient des chasubles noires fournies par les églises de Saint-Étienne et de Sainte-Croix.

On faisait une procession à Saint-Georges le jour de sainte Eulalie ; à Saint-Paul, la veille de saint Epipoy ; à Saint-Irénée, les jours de saint Epipoy et de saint Irénée.

Le jour de la fête des *Merveilles*, on allait en procession à l'église de Vaise, où l'on disait Matines et Laudes. Le clergé de la cathédrale, celui de Saint-Just et celui de Saint-Paul y assistaient. On revenait de Vaise par la Saône, en bateaux ; on passait le *Pont de Pierre* sous l'arche nommée *l'arc mer-*

(1) Guichard, abbé de Pontigny, fut élu archevêque en 1165 et sacré à Montpellier par le pape Alexandre III, en 1167. Il mourut en 1179. Ce fut lui qui passa avec Guy II et Guy III, comtes de Forez, le traité par lequel ils reconnurent l'archevêque et ses successeurs comme possesseurs du comté de Lyon. Et de cette époque, selon Menestrier, date le titre de comte donné aux chanoines.

Jean de Bellesmes lui succéda. Ce fut lui qui chassa les hérétiques nommés Vaudois, et érigea le Chapitre de Fourvières en l'honneur de la sainte Vierge et de saint Thomas, martyrisé vingt ans avant.

(Voir nos documents sur les archevêques de Lyon. Lyon, Perrin 1854.

Estienne de Rochetaillée était de la maison de Jarez, dont Le Laboureur a donné la généalogie dans les Mazures de l'Isle Barbe; il était chanoine dès l'année 1151.

veilleux, proche Saint-Nizier, pour venir aborder à Ainay devant la porte *Saint-Michel*. De là on retournait à Saint-Nizier, où l'on disait la grand-messe, et au retour on chantait la litanie *de quâcumque tribulatione*.

Les prêtres de toutes les églises de la ville accompagnaient la procession des Rogations. On y portait seize bannières, à savoir : celles de Saint-Jean, de Saint-Paul, de Saint-Thomas (Fourvières), de Sainte-Croix, de Saint-Romain (église près de Saint-Jean, détruite aujourd'hui), de Sainte-Marie de la Platière (détruite), de Saint-Georges, de Sainte-Marie-du-Pont (détruite), de Saint-Alban (idem), de Saint-Vincent (idem), de Saint-Nizier, de Saint-Just, deux bannières dites des *Griffons* (armes du Chapitre), deux croix portées par les chanoines de la cathédrale. La procession était conduite par le *précenteur*, le *chantre*, le *maître* et le *sous-maître*, ayant à la main des cannes pour la défendre.

Au commencement du Carême, l'archevêque chassait les pénitents de l'église, et les recevait le jour de la Cène ou Jeudi-Saint, et ce jour-là il faisait le sermon. Pendant le Carême, à Prime, on lisait au Chapitre le *Liber canonorum*.

L'Antienne du dernier psaume des vêpres est toujours suivie de Neumes. (Cela se pratique encore).

L'Église de Lyon n'admettait que onze Préfaces.

Il n'était pas permis de supprimer la Passion aux messes privées, le dimanche des Rameaux. Cette défense fut levée par monseigneur de Montazet.

Le 20 septembre 1555, le chamarier de Saint-Paul conviat, dans une assemblée capitulaire, que les habitués de son église chantaient des messes en musique, ce qui était contraire au rit de la cathédrale ; il pria le Chapitre d'oublier cette faute, promettant qu'elle ne se renouvellerait pas.

A Lyon et à Vienne, pendant la procession de la Fête-Dieu, on encense le chemin par où passe le Saint-Sacrement et non le Saint-Sacrement lui-même. Les thuriféraires, pendant la marche, ne cessent de mettre en mouvement leurs encensoirs sans les diriger une seule fois vers le Saint-Sacrement. Telle était la règle ancienne. Aujourd'hui on y a dérogé, excepté à la primatiale, et, aux processions des autres églises, les thuriféraires font de fréquentes stations pour encenser le Saint-Sacrement, néanmoins ils continuent à encenser avec dignité et n'ont pas imité la gymnastique extravagante des thuriféraires parisiens qui lancent les encensoirs à une grande hauteur pour les rattraper au vol.

Un ancien usage de l'Église de Lyon, conforme à ceux des Églises d'Orient, était de ne pas célébrer de fêtes de saints en Carême. C'est pour cela que la fête de saint Joseph n'était pas, comme ailleurs, placée au 19 mars, on la trouve, avant monseigneur de Bonald, indiquée pour diverses époques, pour le 19 juillet, pour le 3 janvier, mais jamais pour la date assignée aujourd'hui.

Le chant de l'Épître n'a jamais été abandonné aux laïques. Dans les campagnes, à défaut de diacres, il est récité par le prêtre qui dit la messe. Pendant le chant du *Gloria in excelsis* le célébrant et les servants ne s'assoient pas, respectant en cela l'antiquité et ne cédant pas à cette mode relâchée qui a introduit un fauteuil sur les marches mêmes de l'autel.

____

Les considérations qui précèdent répondent mal à leur titre ; c'est qu'elles sont comme l'avant propos d'un plus long travail, je dois aujourd'hui me borner à ces lignes incomplètes, et même j'ai hâte de dire qu'elles étaient écrites depuis plusieurs mois quand la *Revue du Lyonnais* en a commencé la publication. Il me semble, en effet entendre murmurer à mes oreilles un reproche, mérité en apparence, celui de m'occuper des détails de l'édifice alors que l'édifice lui-même est attaqué. Ces questions d'archéologie, d'art et de cérémonial sont devenues secondaires en présence des orages qui grossissent à l'horizon. Attendons le retour de la lumière et de la justice, les méchants passeront avec leurs complots et leurs haines, et nous, qui nous glorifions d'être membres de l'Église *catholique*, *apostolique et romaine*, notre devoir en ce moment n'est que d'affirmer notre soumission à son chef visible et de prier pour que Dieu nous soutienne pendant ces épreuves!

19 mars 1861.

Lyon. — Impr. d'A. Vingtrinier.